Prof. Dr. Hans Holzer

Das Übersinnliche ist greifbar

Entdecken Sie Ihren 6. Sinn

Bertelsmann Ratgeberverlag

Titel der amerikanischen Originalausgabe: ESP and you

Deutsche Übersetzung: Leni Sobez
Schutzumschlag: Franz Wöllzenmüller
Layout: Gaßner & Bischoff

1975 / 5 4 3 2 1
Gesamtherstellung Mohndruck Reinhard Mohn OHG, Gütersloh
Printed in Germany · ISBN 3-570-05381-4

Inhalt

Vorwort **7**

1. Was genau ist ASW, das Übersinnliche, der 6. Sinn? **9**
2. Telepathie **29**
3. Die Dreieinigkeit Hellsehen, Hellhören und Hellriechen **41**
4. Astrale Projektion oder unkörperliche Reisen **59**
5. Die verschiedenen Aspekte der ASW und ihre Handwerkszeuge **69**
6. Hypnose, Regression und Svengali **87**
7. Reinkarnation und das Gefühl »das habe ich schon gesehen« **99**
8. Der Stoff, aus dem die Träume sind **109**
9. ASW außerhalb der fünf Sinne **115**
10. ASW, Sexualität und physische Phänomene **119**
11. ASW als Hilfe bei Verbrechersuche **125**
12. Sind Sie ein Medium? **127**

13. ASW, Mystizismus und Drogen **139**

14. ASW, Besessenheit oder Schizophrenie **151**

15. Spukhäuser und Geister – die Realität spektraler Phänomene **163**

16. ASW und psychische Heilkräfte **183**

Register **189**

Vorwort

Wenn Sie dieses Buch lesen, haben Sie den ersten Schritt zu einem besseren Verständnis dessen getan, was Sie als Ihr menschliches Potential erkennen sollen. Ihre Neugier wird belohnt; Sie erfahren einiges über die Möglichkeiten des Übersinnlichen, der Außer-Sinnlichen Wahrnehmungen – ASW –, jenes besonderen 6. Sinnes also, der Ihr Leben praktisch über Nacht verändern kann.

Nicht in seiner Unvollkommenheit oder Gebrechlichkeit liegt die Tragödie des Menschen, sondern darin, daß er in sich alles Werkzeug hat, das ihm zu größerer Vollkommenheit verhelfen kann, daß er aber nicht weiß, wie er es einsetzen soll.

Dieses Buch beschäftigt sich mit allen Aspekten der außersinnlichen Welt im Menschen selbst und in seiner Umwelt und weist auch Ihnen, meinem Leser, einen Weg, wie Sie die Gesetze dieser *anderen Welt* auf sich und Ihr Leben anwenden können. Sie sollen zu einem besseren, erfüllteren Dasein finden, das die engen und starren Grenzen der materiellen Welt nicht zulassen.

Die Erforschung des inneren und äußeren Raumes, also des Menschen selbst und seiner Umwelt, ist lebenswichtig. Diese Aufgabe hat sich das vorliegende Buch gestellt.

New York/Bad Aussee, Prof. Dr. Hans Holzer
Sommer 1975

1

Was genau ist ASW, das Übersinnliche, der 6. Sinn?

Jeder Mensch hat über die fünf normalen Sinne hinaus einen Extrasinn, aber nur wenige wissen das; und nur eine verschwindende Minderheit versteht es, sich dieses sechsten Sinnes vorteilhaft zu bedienen.

Die Anerkennung dieser besonderen Fähigkeit bringt viele Probleme mit sich. Vor dem neunzehnten Jahrhundert wurde alles, das auch nur in die Nähe des Okkulten kam, als religiöse Häresie betrachtet und mußte daher unterdrückt oder wenigstens in den Hintergrund geschoben werden. Als dann im neunzehnten Jahrhundert die soziale und wirtschaftliche Revolution kam, wurden materielle Dinge und Wissenschaften zu neuen Göttern erhoben. Neue technologische Entdeckungen und Verbesserungen wurden als greifbare Beweise für diese neuen Götter in unsere Zeit herübergenommen. Den Mittelpunkt bildet der Glaube, daß nur das real ist, was durch die normalen fünf Sinne erfaßt und aufgenommen werden kann, während alles, was darüber hinausgeht, nicht nur fragwürdig, sondern eindeutige Phantasie ist. Phantasie hat aber in der Welt der Computer und computerisierten Menschen keinen Sinn und Zweck. George Orwells *1984* ist uns näher, als wir zu denken wagen, und die Anzeichen dafür sind unübersehbar.

Unter diesen schwierigen Umständen war es für Dr. Joseph Rhine nicht leicht, eine neue Einstellung zu den Phänomena des sechsten Sinnes zu erarbeiten. Dr. Rhine ist unter den ASW-Forschern vielleicht der bekannteste. Er kann der Vater der ASW-Forschung genannt werden – von ihm stammt ihr Name. Bis vor kurzem war Dr. Rhine Leiter des Parapsychologischen Labors der Duke University, heute ist er an der Chapel Hill Universität in North Carolina tätig, wo er die Studien über die Natur des Menschen fortsetzt. Aber seine Verdienste an der

Parapsychologie erwarb er sich seinerzeit während seines Wirkens an der Duke-Universität in Durham, North Carolina: als erster auf diesem Gebiet in der ganzen Welt hat er sich ernsthaft und methodisch mit den Phänomenen der psychischen Forschung befaßt und ein Labor zur wissenschaftlichen Untersuchung dieser Phänomene eingerichtet.

Obwohl Rhine Beweise für das Vorhandensein des Psi-Faktors in der menschlichen Persönlichkeit vorweisen konnte, wurde er von den Exponenten physikalischer Wissenschaften als Träumer und Schlimmeres angegriffen. Trotzdem setzte Rhine seine Arbeit fort, und andere kamen ihm zu Hilfe. Eine neue Organisation wurde geschaffen, um die Wirkungsweise außersinnlicher Wahrnehmungen zu erforschen und, wenn möglich, zu erklären.

Der 6. Sinn als Sondersinn

Dieser Sondersinn läßt sich einfach beschreiben. Gewinnt man Wissen ohne die normalen fünf Sinne – Sehen, Hören, Riechen, Schmecken, Berühren –, oder wird dieses Wissen über die Grenzen von Zeit und Raum hinaus erlangt, so spricht man von außersinnlicher Wahrnehmung.

Voraussetzung ist natürlich, daß die Person, die jenes Phänomen des sechsten Sinnes erlebt, keine Möglichkeit des bewußten oder unbewußten Zuganges zu den betreffenden Tatsachen und Ereignissen hat, und daß ihre Eindrücke von Zeugen bestätigt oder mit den üblichen wissenschaftlichen Methoden bekräftigt werden.

Wünschenswert ist ferner mindestens vom experimentellen Standpunkt aus, daß eine Person, die ein außersinnliches Erlebnis über zukünftige Ereignisse hat, dies sofort einem unparteiischen Zeugen berichtet, so daß diese Wahrnehmung bei Eintritt des Ereignisses bestätigt werden kann. Das ist allerdings mit Rücksicht auf die Art des sechsten Sinnes nicht immer möglich, denn er kann nicht nach Belieben ein- oder ausgeschaltet werden, sondern funktioniert am besten dann, wenn irgendein Notfall seine Funktion auslöst. Wenn die normale Verständigung ausfällt oder versagt, greift etwas im Menschen aus, beseitigt alle Barrieren von Zeit und Raum und bewirkt eine Benachrichtigung, die *jenseits der fünf Sinne* liegt.

Ich selbst zweifle nicht daran, daß außersinnliche Wahrnehmungen durch emotionelle Impulse gesteuert werden und daher Probleme schaffen, die sich von denen physikalischer Wissenschaften erheblich unterscheiden. Obwohl an der Duke University jahrelang im parapsychologischen Labor Experimente mit Würfeln und Karten erfolgreich durchgeführt wurden, lassen sich jedoch wirklich ernsthafte und spontan auftretende außersinnliche Erlebnisse nicht nach Wunsch und Willen wiederholen.

Die wissenschaftliche Beweisbarkeit

Aus diesem Grund wurde und wird die Parapsychologie, also jene Wissenschaft, die solche Phänomene erforscht, häufig angegriffen. Die normale Psychologie, die sich doch auch mit menschlichen Emotionen befaßt, braucht keine Wiederholung solcher Erlebnisse im Labor. Natürlich waren bis vor kurzem Psychologie und Psychiatrie von der Gesellschaft selbst lebhaft angefeindet worden und haben erst in den letzten Jahrzehnten eine respektable Nische gefunden. Es liegt in der menschlichen Natur, alles Neue und Revolutionäre zu bekämpfen, denn der Mensch will seine alten Götter behalten. In fünfzig Jahren wird die Parapsychologie zu den *alten* Wissenschaften gehören und daher anerkannt sein.

Wichtig ist natürlich die Anwesenheit zuverlässiger Beobachter und auch die Häufigkeit, mit der ähnliche, untereinander nicht in Verbindung stehende Ereignisse auftreten. Wenn zum Beispiel hundert Fälle von Poltergeistern aus größeren Gebieten von zuverlässigen Zeugen berichtet werden, die nicht miteinander in Verbindung stehen oder auch sonst keinen Zugang zu den Ereignissen haben, über die andere Zeugen berichten, so ist es einwandfrei wissenschaftlich, diese Berichte als echt zu akzeptieren, Schlüsse aus ihnen zu ziehen.

Die parapsychologische Forschung verläßt sich nicht ausschließlich auf spontane Fälle, doch ohne sie wäre sie bedeutungslos. Laborexperimente sind eine sehr wichtige Ergänzung, besonders dann, wenn sie sich mit den weniger komplizierten Elementen außersinnlicher Wahrnehmungen wie Telepathie, Intuition jenseits des Zufalles und psychische Konzentration befassen, aber sie sind natürlich dem kraftvollen Anprall echten Voraussehens von Ereignissen, ehe sie auftreten, sehr unterlegen, natürlich auch anderen parapsychologischen Erlebnissen.

ASW sind ihrer Natur nach spontan und unerwartet. Man weiß nie, wann man ein solches Erlebnis hat, man kann nicht voraussagen, wann und wie es sich einstellt, und man ist erst recht nicht in der Lage, es auszulösen. Bedingungen, die jenseits unseres Bewußtseins liegen, machen solche Erlebnisse möglich, aber eine Kontrolle über sie hat man nicht. Die eine Ausnahme ist die Kunst des genauen Denkens, also eine systematische Übung zur Entwicklung der eigenen parapsychologischen Fähigkeiten; darüber wird dieses Buch später mehr aussagen. Aber die Erlebnisse selbst können ganz eindeutig nicht von Ihnen oder einem anderen Menschen gelenkt werden.

Das Erlebnis des 6. Sinnes

Die außersinnliche Wahrnehmung kann als Ahnung auftreten, als unheimliches Gefühl, als intuitiver Eindruck; sie kann aber auch viel stärker, viel eindeutiger sein, etwa als blitzartiges

Wissen, als Bild, als warnende Stimme, als Vision und dergleichen. Das hängt von der eigenen Verfassung ab und von den angeborenen Empfänger-Talenten.

Alle nicht geübten Personen und solche, die sich über ihre parapsychologischen Fähigkeiten nicht klar sind, werden einem ersten Impuls folgen und die Botschaft unterdrücken wollen; man versucht, sie hinwegzuerklären und schlägt dazu oft die seltsamsten Wege ein, um nur ja die Möglichkeit einer außersinnlichen Wahrnehmung nicht zugeben zu brauchen. Eine so negative Einstellung zu einem natürlichen Teil der menschlichen Persönlichkeit kann zu Tragödien, mindestens aber zu Enttäuschungen führen, denn ein parapsychologischer Impuls ist niemals sinnlos. Er kann eine Warnung vor Unheil sein, oder auch ein Hinweis im voraus auf gute sich bald bietende Möglichkeiten, aber von Wichtigkeit ist er immer, wenn man auch die Botschaft im Moment noch nicht versteht oder sie übersieht. Ich nenne diesen Vorgang *Erkenntnis*, da er ein sofortiges Wissen ohne logische Faktoren oder Komponenten darstellt, die sich auf Zeit oder aufgewandte Mühen beziehen.

Merkwürdig an ASW ist der Umstand, daß dazu mehr gehört als ein zusätzlicher, ein sechster Sinn, der den anderen fünf Sinnen gleichwertig wäre. In Wirklichkeit ist es ein *Supersinn*, der durch die anderen fünf Sinne arbeitet, um eine Botschaft in das Bewußtsein des Menschen zu leiten.

So kann zum Beispiel ein Erlebnis des sechsten Sinnes durch den Gesichtssinn vermittelt werden – als Vision, als Blitz, als Eindruck; oder durch das Gehör – als Stimme, als Geräusch, das für ein künftiges Ereignis charakteristisch ist; durch den Geruchssinn – als fremder Duft, der ein anderes Klima, bestimmte Leute oder Orte kennzeichnet; oder auch durch den Tastsinn – die Hand auf der Schulter, der leidenschaftliche Kuß, die Berührung unsichtbarer Finger; und durch den Geschmack – als Anregung der Geschmacksnerven, die aber nicht durch Essen oder Trinken bewirkt wird.

Geruchs- und Geschmackssinn sind nur selten Träger außersinnlicher Wahrnehmungen; die Mehrzahl der Fälle bedient sich des Gesichts oder Gehörs oder beider Sinne. Dies ist wohl darauf zurückzuführen, daß diese beiden Sinne dem Bewußtsein die meisten Informationen über die Welt um uns herum vermitteln.

Nachdem ich seit zwanzig und mehr Jahren außersinnliche Wahrnehmungen erforsche, hat mich der Gedanke besonders beeindruckt, daß wir es ja in Wirklichkeit nicht mit einer zusätzlichen Dimension, einem zusätzlichen Sinn wie Tast- oder Geruchssinn zu tun haben, sondern mit einem nicht-körperlichen Sinn, einem psychischen, der sich der körperlichen Sinne bedienen muß, um sich manifestieren zu können. Wir haben hier eigentlich weniger einen zusätzlichen Sinn, sondern eher eine Erweiterung der normalen fünf Sinne auf Gebiete, die logischem Denken nicht unterliegen, sondern von anderen Gesetzen regiert werden. Man könnte es vergleichen mit jenem Teil des Spektrums, der für das nackte Auge unsichtbar ist. Wir bedienen uns der infraroten und ultravioletten Strahlen, und niemand bezweifelt die Existenz dieser ›Farben‹, die tatsächlich nur Erweiterungen des normalen Rot und Violett sind.

Genauso geht es mit den ASW, und doch kommen wir sofort mit den physikalischen Wissenschaften in Konflikt, die von uns fordern, daß wir nur das anerkennen, was uns mit unseren fünf Sinnen zugänglich ist, vorwiegend sogar in Labors.

Parapsychologie und Forschung

Ehe die Radiowellen entdeckt wurden, hielt man deren Idee für reine Phantasterei, und heute schicken wir damit Botschaften zu Himmelskörpern. Wir kommen zu folgendem Ergebnis:

Unsere normale menschliche Wahrnehmung ist nicht einmal mit den erweiternden Instrumenten auch nur annähernd vollständig. Die Annahme, daß es außer dem, was wir normalerweise wahrnehmen, nichts gibt, ist ungeheuerlich. Sie ist auch gefährlich; wenn wir das unseren Kindern beibringen, hindern wir sie daran, ihre potentiellen psychischen Fähigkeiten voll zu entwickeln. Dort, wo der Gedanke eine Macht ist, mit der gerechnet werden muß, ist falsches Denken unter Umständen zerstörerisch.

Im parapsychologischen Labor der Duke University werden von den Nachfolgern Dr. Rhines heutzutage kaum mehr Versuche zur Erforschung außersinnlicher Wahrnehmungen gemacht. Die Universität Stanford in Kalifornien ist auf diesem Fachgebiet auch nicht mehr aktiv, und es gibt heute in den USA nicht eine Schule oder ein Institut, in dem sich ein Student primär mit Parapsychologie beschäftigen könnte.

In Europa ist die Situation etwas besser, wenn auch nicht viel. Freiburg/Brsg. in der Bundesrepublik Deutschland hat ein gutes Institut für ›Grenzwissenschaften‹. Leyden und Utrecht in den Niederlanden bieten auch Möglichkeiten für eine solche Arbeit. Man bräuchte jedoch nicht nur ein Anhängsel an eine schon bestehende Universität, sondern ein völlig unabhängiges, freies akademisches Institut, an dem Parapsychologie der einzige Lehr- und Forschungsgegenstand ist und wo die Ergebnisse dieser Arbeit nicht verfälscht werden durch Vorurteile, durch die Angst vor der öffentlichen Meinung und verschiedene andere Faktoren, welche die psychischen Forschungsgesellschaften in den Vereinigten Staaten nahezu gelähmt haben.

Ich spreche vor vielen Studentengruppen an führenden Universitäten, und immer höre ich die Frage: »Wo können wir diese neue Wissenschaft studieren?« Sie sind ungeheuer interessiert, diese jungen Leute, die zu Hunderten kommen, um mich reden zu hören, aber dort, wo Entscheidungen getroffen werden, überhört man ihre Forderung.

Meiner Meinung nach ist der Wille, *nicht* zu glauben, das größte Hindernis bei der Erweiterung des Horizonts, und deshalb nähere ich mich dem Thema Parapsychologie weder allzu gläubig noch allzu ungläubig. Man ist zu leicht bereit, all das einfach zu streichen, was überliefertem Glauben und eingefahrener Konvention nicht entspricht; aber das ist ein Zeichen für unser allmählich entartendes Zeitalter, das individuelle Impulse entmutigt, weil man zu wissenschaftlich oder gesellschaftlich akzeptablen Gruppen *gehören* muß. Daß dabei der *Fortschritt* auf der Strecke bleibt, liegt nahe.

Die Einstellung zur Parapsychologie

Wie ist nun die Einstellung der Welt zur Parapsychologie in all ihren Erscheinungsformen? Ich habe mit vielen hundert Menschen in sehr vielen Ländern gesprochen und gefunden, daß ein großer Teil eigene Erlebnisse hatte und daher die psychische Welt als real akzeptiert. Ich habe etliche getroffen, die zwar selbst keine solchen Erfahrungen gemacht hatten, aber wiederum Leute kannten, deren ASW sie nicht anzweifelten, weil sie von deren Zuverlässigkeit überzeugt waren.

Und ich habe eine kleine Gruppe von Menschen kennengelernt, die meistens wichtige Stellungen einnehmen; privat gaben sie schon zu, daß sie Beweise für außersinnliche Wahrnehmungen hatten, aber in der Öffentlichkeit wollten sie – vor noch nicht allzulanger Zeit – lieber nichts darüber sagen.

Der weltbekannte Schauspieler Darren McGavin erzählte mir zum Beispiel von seinen Erfahrungen mit den Spiritisten früherer Zeiten und von seinen Versuchen, geheime Apparate zu finden, mit denen die beobachteten Phänomena erzeugt worden sein konnten; er hatte aber nichts gefunden. Als ich ihn dann für meine Radioserie interviewen wollte, war er lange nicht mehr so gesprächig.

Professor Hans Bender, der berühmte deutsche Parapsychologe, gab mir gegenüber die Existenz von Geistern zu;

als ich das veröffentlichen wollte, sprach er nur noch zögernd von ›Hüllen‹, die lebende Personen von sich zurückließen.

Ein bekannter Börsenmakler der Wall Street erzählte offen seine Erlebnisse in einem Gespensterhaus in Staten Island, erwähnte aber sofort, daß er sich alles vielleicht nur einbilde. Seine Frau war weniger skeptisch und berichtete, sie höre Schritte, wo niemand gehe, und war bereit, das öffentlich zu bestätigen. Ihr Mann meinte jedoch, es könne seinem Ansehen schaden, wenn sie solche Erlebnisse zugebe.

Heute jedoch scheuen sich selbst so manche »große Leute« nicht, ihre psychischen Erlebnisse in der Öffentlichkeit zu diskutieren. Die bekannte Filmschauspielerin Elke Sommer lebte jahrelang mit ihrem Mann, dem Schriftsteller Joe Hyams, in einem Spukhaus, wo sowohl sie wie eine Anzahl anderer Beobachter Gespenstererscheinungen erlebt haben. Sie spricht darüber ohne weiteres auch in Fernseh- und Presseinterviews. Georg Rauchenberger, der kürzlich verstorbene Denkmalpfleger der Oberpfalz, besaß selbst eine mittelalterliche Burg bei Regensburg, wo übersinnliche Phänomene von ihm als auch von anderen beobachtet wurden; ich selbst bin diesen nachgegangen. Dr. Hans Negele-Osjord, Züricher Psychiater, ist Präsident der Schweizer Gesellschaft für Parapsychologie und von der Wirklichkeit der ASW voll und ganz überzeugt – und redet auch darüber.

Ein Geistlicher in New York erklärte zu Tatsachenberichten über Geister in seiner alten Kirche, die Anwesenheit eines Geistes bedeute selbstverständlich die Abwesenheit des Heiligen Geistes. Ich konnte ihn zum Glück davon überzeugen, daß eines mit dem anderen nichts zu tun habe und daß mir sein Bischof sogar Zugang zu allen Daten verschafft habe.

Ein Politiker der sogenannten Reformbewegung bewohnte ein Haus in Nantucket, in dem der Geist eines Seekapitäns umging. Er und seine Frau hatten Schritte die Treppe heraufkommen gehört. Er fürchtete, wenn er das vor der

Öffentlichkeit zugebe, könne er damit seine Aussichten als Politiker ruinieren . . . Geister! Aber er hatte an sich schon genug Skelette in seinem Schrank.

Es gibt aber genug andere Leute, denen es nichts ausmacht, wenn die Welt von ihren außersinnlichen Wahrnehmungen erfährt. Jackie Gleason hat nie sein Interesse an diesen Fragen abgeleugnet, obwohl es sich bei einem führenden Komiker merkwürdig ausnimmt. Professor Ian Stevenson von der Universität Virginia ist bereit, die Möglichkeit außersinnlicher Wahrnehmungen zuzugeben, und hält sogar für nicht ausgeschlossen, daß sich die Wiedergeburt wissenschaftlich beweisen läßt. Der alte bekannte Zeitungsmann Nick Kenny war immer stolz auf seine hellseherischen Fähigkeiten, und der verstorbene Danton Walker von den *New York Daily News*, als Broadway-Orakel bekannt, war medial veranlagt und wußte es auch. Selbst Norman Vincent Peale schreibt von der Anwesenheit seiner Mutter in einem Augenblick emotionellen Stresses, und er steht auch zu seinen supernormalen Erlebnissen.

Die Presse, als Ganzes gesehen, ist und war von jeher allen außersinnlichen Wahrnehmungen gegenüber feindlich eingestellt. Es gibt natürlich Ausnahmen, aber dabei handelt es sich um ganz bestimmte Verleger oder Zeitungsschreiber, die selbst solche Editoren zu überreden verstehen, welche grundsätzlich dagegen sind. Ich weiß es aus eigener Erfahrung.

Es ist nicht einfach, eine ungekürzte und ungereinigte Geschichte über außersinnliche Wahrnehmungen zu drucken. Dann kann man mit Sicherheit darauf warten, daß einer kommt, der schärfsten Einspruch einlegt. Ich bin aus Sicherheitsgründen dazu übergegangen, einen Artikel selbst zu schreiben und auch zu zeichnen, um Mißverständnisse soweit wie möglich auszuschließen.

Aber es gibt neuerdings einige Zeitschriften, die Tatsachen ohne Frivolität bringen und sogar ausgezeichnete Studien über außersinnliche Wahrnehmungen veröffentlichen.

Natürlich enthält mancher Artikel vorsichtige Vorbehalte oder Rückzieher, aber im allgemeinen werden die Tatsachen korrekt berichtet.

Es ist daher nicht unbedingt erstaunlich, daß in unserer materialistischen Zeit ausgerechnet ein sachliches Organ wie das *Wall Street Journal* am 17. November 1965 ihrem Reporter William D. Hartley für eine Notiz einen ziemlich beträchtlichen Platz einräumt:

»Für viele Kritiker war die Parapsychologie nur ein ungeschickter Versuch, die Visionen von Wirrköpfen und Betrügern zu analysieren und zu erklären, warum es nachts recht merkwürdige Geräusche gibt. Die Forscher selbst hat man als Scharlatane und unfähige Laien abgetan, ihre Experimente als lächerlich hingestellt. Jetzt ist die Kritik etwas zurückhaltender geworden, und Wissenschaftler und Studenten scheinen eher bereit zu sein, außersinnliche Wahrnehmungen aller Art als Thema für ernsthafte Forschungen zu akzeptieren.

Aber die Studienmöglichkeiten sind noch immer eng begrenzt. J. Gaither Pratt, ein Parapsychologe der Universität Virginia, ist der Meinung, daß es nicht mehr als ein Dutzend akademisch geschulter Parapsychologen in den Vereinigten Staaten gebe, die sich dieser Forschung widmen können, und vielleicht weitere fünfzig Wissenschaftler, die wenigstens einen Teil ihrer Zeit darauf verwenden. Verglichen mit den für andere Forschungszweige bereitgestellten Geldern ist die halbe Million für die Parapsychologie ein sehr bescheidenes Nadelgeld.

Douglas Dean vom Newark College's Psi Communications Project *glaubt, daß dynamische Vorgesetzte sich unbewußt und erfolgreich des Vorwissens bei ihren Entscheidungen bedienen können.*

Die hochgeschätzte Menninger Foundation *betreut ein von zwei reichen Privatleuten finanziertes Projekt, dessen Ziel es ist, eine Verbindung zwischen kreativen Fähigkeiten und parapsychologischen Anlagen aufzuspüren.*

Bekannt ist, daß Emotionen die elektrische Aktivität des Nervensystems beeinflussen, und man kam zu der Vermutung, daß diese zusätzliche Energie aus ASW-Transmissionen stammen könnte.«

Soweit der Mann von der Wall Street. Und nun wollen wir einmal sehen, was man in Moskau tut.

Die Russen haben endlich das allgemein, wenn auch langsam zunehmende Interesse an außersinnlichen Wahrnehmungen eingeholt. Für den Kommunismus ist das eine sehr heikle Angelegenheit, denn die Existenz eines nichtkörperlichen Faktors der menschlichen Persönlichkeit – die Kirchen nennen ihn ›Seele‹ – ist für den dialektischen Marxismus nicht akzeptabel.

Natürlich hat es in Rußland immer ein gewisses untergründiges Interesse an psychischen Dingen gegeben. Selbst unter den Roten gab es geheime Séancen, zuverlässige Beobachter haben Geister erlebt und psychische Wirklichkeiten wurden bestätigt. Offiziell waren derartige Themen streng verboten, und ein unvorsichtiger Praktiker konnte leicht im kalten Sibirien landen.

Seit einiger Zeit herrscht, wenigstens in der Wissenschaft, leichtes Tauwetter.

Die *New York Daily News* vom 2. Juni 1963 melden, daß sich unter der Sonne Moskaus Neues begibt:

Die Russen stecken Geld und menschliche Arbeitskraft in eine Sache, die unheimlicher ist als das Atom – den menschlichen Geist. Sie haben bereits

1. mindestens acht Forschungszentren errichtet, die sich auf telepathische Experimente spezialisiert haben; alle stehen auf akademisch-wissenschaftlichem Niveau. Das bekannteste ist an der Universität Leningrad;

2. ein Austauschprogramm mit Indien festgelegt, um die physiologischen und mentalen Bedingungen der Yogis zu studieren und ihre damit zusammenhängenden Fähigkeiten der

Gedankenübertragung nach Willen zu erkennen;

3. organisierte Teams von Wissenschaftlern – Physiologen, Ärzte, Psychologen, Zoologen, Biologen, Neurologen, Mathematiker, Kybernetiker und Elektronikingenieure –, die telepathische Forschungen betreiben, um die Wirkungsweise der Telepathie zu erforschen und die Möglichkeiten einer praktischen Anwendung festzulegen.

Leonid L. Wasiliew, der Leiter der Parapsychologischen Labors in Leningrad, ist der Autor von *Mysteriöse Phänomena der menschlichen Psyche*. Er beschreibt sehr ausführlich die Natur außersinnlicher Wahrnehmungen, der Hypnose und damit zusammenhängender Zustände und bringt seinen Meistern volle Ehrerbietung damit entgegen, daß er erklärt, alle Beweise für die Existenz einer nichtkörperlichen Komponente der menschlichen Persönlichkeit seien wertlos. Das ist nicht anders zu erwarten, denn in Rußland ist die Parapsychologie keine freie Wissenschaft. Daß es sie überhaupt gibt, ist jedoch schon ein erfreulicher Fortschritt.

Psi – die mentale Fähigkeit

Harry Nelson, der medizinische Fachmann der *Los Angeles Times*, hat kürzlich den Stand der ASW-Forschung überprüft und kommt zu folgenden Ergebnissen:

Ob ASW etwas ist, das in Betracht gezogen werden muß, oder ob es nur als Illusion zu werten ist, wurde niemals eindeutig geklärt. Wird die gegenwärtig laufende Forschung fortgesetzt, werden sich aber bald Ergebnisse erzielen lassen.

Geistesforscher stoßen bei ihrem Bemühen, den Mechanismus des Gedächtnisses zu durchschauen, in zunehmendem Maß auf Situationen, auf die in geradezu unheimlicher Weise ASW-Erklärungen zutreffen.

Dr. Louisa Rhine, Frau des oben schon erwähnten Dr.

Joseph B. Rhine, ist zwar weniger bekannt als ihr Mann, aber deshalb nicht weniger bedeutend mit ihren Forschungsarbeiten. Frau Dr. Rhine ist Biologin, die sich vorwiegend mit den Beweisen des Überlebens der Persönlichkeit nach dem körperlichen Tod beschäftigt, aber auch mit den komplizierteren Phänomena des menschlichen Geistes.

In ihrer kürzlich erschienenen Arbeit *The Sixth Sense* macht Dr. Louisa Rhine über die Beziehung Geist/ASW folgende Feststellungen:

Für die Wissenschaft ist der Geist an sich und seine Wirkungsweise noch immer ein tiefes Geheimnis. Einiges läßt sich jedoch damit erklären, daß man die Existenz einer weitgehend unerkannten mentalen Fähigkeit annimmt, die man als *Psi*-Kraft bezeichnet.

Telepathie und Hellsehen, beides Manifestationen der Psikraft, lassen sich als die beiden Haupttypen der außersinnlichen Wahrnehmungen erkennen. Beide sind Möglichkeiten, Informationen über die Welt zu erlangen. In der Telepathie kommen die Informationen aus den Gedanken anderer Menschen; beim Hellsehen stammen sie aus Ereignissen oder von Gegenständen. Ein dritter Typ außersinnlicher Wahrnehmungen, bei dem Informationen aus Ereignissen stammen, die noch nicht stattgefunden haben, also die Fähigkeit, in die Zukunft zu sehen, ist als *Vorauswissen* bekannt. Die meisten Psi-Phänomene fallen unter diese drei Typen, können aber auch eine Kombination daraus sein.

Hier gibt es jedoch keine Sicherheit. Unter den Parapsychologen wächst sogar das Gefühl, daß es zwischen Telepathie einerseits und Hellsehen andererseits im Grund gar keinen wesentlichen Unterschied gibt außer dem, daß eines einen subjektiven Ursprung – Gedanken – und das andere einen objektiven – Dinge und Ereignisse – hat.

Was immer die exakte Natur der Psi-Kraft ist – sie scheint unbeeinflußt von Entfernungen zu bleiben und ebenso gut zu funktionieren, ob nun Personen, Gegenstände oder Ereignisse nur durch Räume voneinander getrennt sind oder durch Städte, Kontinente oder Ozeane. Im Fall des Vorauswissens sehen wir, daß die Psi-Kraft – noch unglaublicher – sogar von der Zeit unabhängig ist.

Dr. Louisa Rhine ist in dieser Sache nicht so übervorsichtig wie viele ihrer Kollegen, und das ist ganz gut so. Manchmal ist Vorsicht gleichbedeutend mit Mißtrauen allen gegenüber, die etwas Ausgefallenes tun.

Als zum Beispiel Peter Hurkos über seine bemerkenswerte Arbeit berichtete, ASW zur Klärung von Verbrechen einzusetzen, fand er bei Dr. Joseph Rhine wenig Unterstützung, besonders als sich herausstellte, daß sein Medium von Dr. Andrej Puharich ausgedehnten Tests unterzogen wurde.

Betrug oder Beweis?

Dr. Puharich ist ein mutiger Pionier der parapsychologischen Forschung. Dieser Mann hat jahrelang eng mit der berühmten *Roundtable Foundation* in Maine zusammengearbeitet, um den Wert von Medien festzulegen. Er brachte das Medium in einem sogenannten Faradayschen Käfig unter, um festzustellen, ob psychische Talente elektrischen Wesens sind – was er auch bewies. Später war Puharich an der Entlarvung betrügerischer Spiritisten beteiligt; er benützte raffinierte Hochleistungsgeräte, um in fast vollkommener Dunkelheit ihre Praktiken photographieren zu können. Dr. Puharich hat ebenso wie ich die Unterstützung der *Parapsychology Foundation*, New York.

Kay Gardella, Reporterin der *New York Daily News*, fragte Dr. Rhine, was er von seinem Kollegen, dem Parapsychologen Puharich, halte. »Ich glaube, kein Parapsychologe betrachtet ihn als Mitarbeiter«, erwiderte Dr. Rhine. »Wir akzeptieren seine Ergebnisse nicht.«

Rhine hat natürlich sehr lange dem alten Karten- und Würfelspiel nichts Neues hinzugefügt, wohl aber Puharich. Der Verlierer war die sehr junge neue Wissenschaft der Parapsychologie, die gute Leute so verzweifelt nötig hat.

Mehr und mehr lernen die Fachleute der Parapsychologie, wissenschaftlich handfeste Beweise für die Wirklichkeit der Phänomene zu erlangen. Gleichzeitig wird der Widerstand seitens der »professionellen Skeptiker« auch größer, denn es geht ja jetzt um das Ganze, um die Neue Weltanschauung, in der das Überleben nach dem Tode, Verbindungen mit dem Jenseits und paranormale Phänomene schlechthin Realitäten werden, die aber die »alten« Ansichten eben verdrängen oder zumindest verändern müssen. Sie sind miteinander nicht vertragbar, und das wissen die Skeptiker nur zu gut. Der Kampf gegen die immer häufiger werdenden wissenschaftlichen Beweise der Parapsychologie wird nicht nur hitziger, sondern auch schmutziger. *Time Magazine*, etwa die amerikanische Parallele zum *Spiegel*, veröffentlichte unlängst eine sogenannte »Übersicht« über das gesamte Gebiet der Parapsychologie und des Okkulten schlechthin. Da es dem Magazin von vornherein darum ging, sensationelle Enthüllungen zu machen, übertrug es die »Expertisen« und Berichte an Leute, die von dem Gebiet überhaupt nichts verstanden: Photographen, Labortechniker, Zauberkünstler. Nicht ein einziger Parapsychologe kam zu Wort. Ich wurde zwar befragt, aber das Interview erschien nicht. In einer mit »Fälschungen und Fehlversuchen« identifizierten Rubrik fanden sich nicht nur der psychische Photograph Ted Serios, das Israeli-Medium Uri Geller – aber auch der Pionier der Parapsychologie, Prof. Joseph Rhine!

Derartige tendenziöse Reportagen der Presse sind leider die Regel, nicht die Ausnahme, sowohl in Amerika wie auch in Europa. Wirklich trainierte Reporter, die über die Parapsychologie unvoreingenommen und fair schreiben können, gibt es kaum noch. Als die *New York Times* unlängst ein Buch über dieses Gebiet einer Rezension für würdig hielt (eine Rarität), übertrug die Zeitung die Aufgabe nicht einem wirklichen Experten, sondern einer Kinderpsychologin namens Elsie Fuerst, deren *Steckenpferd* die Parapsychologie ist . . .

Kein anderes Medium hat so die Öffentlichkeit erregt wie Uri Geller, ein junger Paratrooper aus Israel. Seine Gabe, Metallobjekte mit reiner Gedankenkraft zu biegen, verschaffte ihm Weltruhm: Gleichzeitig wurde er aber auch auf das schärfste von der skeptischen Opposition angegriffen. Dabei war Geller sich selbst nicht klar, was er eigentlich war: begabtes Medium, das sich Wissenschaftlern zu Experimenten zur Verfügung stellt, oder aber Varietékünstler, der verblüffende »Tricks« vollbringen kann. Er versuchte beiden Herren zu dienen, und das gelang ihm nicht recht. Trotz mehrfacher rigoroser Untersuchungen, obwohl Geller manchmal – aber nicht immer – psychokinetische Effekte ohne jede Möglichkeit von Betrug vollbrachte – die Kritiker wollten es anders wissen.

Dabei schreien immer die am lautesten ›Betrug‹, die bei der Untersuchung oder dem Experiment überhaupt selbst gar nicht dabei waren und ihre »Schlußfolgerungen« bloß auf die Beobachtungen von anderen stützen. Ein typisches Beispiel ist ein von einem gewissen Thomas v. Randow gezeichneter Aufsatz in *Die Zeit* vom 8. November 1974. Der ganze Ton des Artikels ist höhnisch, und der Verfasser läßt von Anfang an durchblicken, daß er an der Echtheit Gellers zweifelt. Dabei ist die Darstellung voll von tendenziösen Unrichtigkeiten. Z.B. wird Dr. Andrija Puharich als »wohlhabend« bezeichnet, was nicht den Tatsachen entspricht, Professor Hal Puthoff und Russell Targ haben seit vielen Jahren auf dem Gebiet der Parapsychologie gearbeitet und publiziert, werden aber in diesem Artikel als Laser-Spezialisten bezeichnet, die der Parapsychologie als »Hobby« frönten (sic). Trotz aller Innuendos, trotz aller Beschuldigungen hat bisher niemand Uri Geller Betrug nachweisen können. Ein mir bekannter Ingenieur, Richard Dugot, selbst ein großer Skeptiker, hatte Gelegenheit, Uris Gabe zu beurteilen. Dugot hielt *in seiner eigenen Hand* eine Metallgabel, die er selbst mitgebracht hatte. Geller konzentrierte sich darauf, und die Gabel bog sich von selbst in Ing. Dugots geschlossener Hand. Von Betrug kann da keinerlei Rede sein. Und wenn Geller solche Phänomene bloß einige Male echt vorführen konnte, darum frage ich mich, warum er sie zu anderen Malen fälschen sollte?

Der Photograph Ted Serios, der seit vielen Jahren mit dem Psychiater Dr. Jule Eisenbud von der Universität Colorado gearbeitet hat, konnte weit über hundertmal Photos von weit entfernten Szenen photographieren oder auch filmen. Dutzende anderer Fachleute haben ihn überprüft – ohne jeden Hinweis auf Betrug. Nichtsdestoweniger wird Serios dauernd des Schwindelns verdächtigt, weil seine Arbeit eben das orthodoxe Weltbild verzerrt. Selbsternannte Experten, meistens Photographen, Journalisten und Zauberkünstler, behaupten, daß sie Serios' photographische Effekte ohne weiteres nachahmen können, ergo ist er ein Fälscher. Keiner hat aber bisher die psychischen Effekte *unter denselben Bedingungen*, wie Serios sie vorfand, produzieren können – und die Bedingungen sind ja doch wichtig. So, wie die Ankläger es tun wollten, würden sie nämlich ohne weiteres entlarvt werden.

Scharlatane hat es immer gegeben und wird es auch weiter geben. Aber die moderne Parapsychologie ist heutzutage auch besser darauf eingestellt als die leichtgläubige, enthusiastische Welt der ersten Aufklärungszeit, denn wir haben Apparate, die selbst in ganz dunklen Räumen »sehen«, und Fachleute, die selbst alle Tricks kennen (ohne deshalb Zauberkünstler sein zu müssen). Anklage ist auch nicht Beweis: Jeder kann Anklage erheben, wenn er will, auch wenn er von den Umständen eines Experiments nichts oder zu wenig weiß. Dr. Andrija Puharich und andere haben öfters die Spiritistencamps in Pennsylvania und Indiana des Betrugs durch falsche Materialisationsphänomene angeklagt. Aber erst, als Puharich mit infrarotem Film Beweise brachte, wurden diese Anklagen zu Tatsachen. Die *Möglichkeit*, etwas zu fälschen, ist nicht dasselbe wie die *Tatsache*, daß etwas gefälscht wurde. Besitz eines Revolvers macht den Inhaber nicht automatisch zum Killer.

Jeder besitzt den 6. Sinn

Der sogenannte »Sechste Sinn«, eigentlich die Erstreckung von Elementen unserer bekannten fünf Sinne über die Grenzen dessen hinaus, was wir derzeit als ihr Wirkungsende betrachten (was sie aber nicht sind), wird in alle von uns hineingeboren. Manche haben eine stärker vorhandene Prädestination zur Entwicklung der ASW, manche weniger, aber alle haben wir *etwas* davon. Nun können wir diese Begabung ignorieren, unterdrücken oder entwickeln. Wenn wir sie ignorieren oder gar unterdrücken, können wir u. U. unserer Psyche Schaden beifügen oder zumindest gewisse Ereignisse in unserem Leben ohne richtige Erklärungen lassen. Wenn wir aber unsere natürliche Gabe der ASW entwickeln und stärken wollen, so können wir dies ohne weiteres.

Dabei besteht keinerlei Gefahr. Es ist nicht so wie etwa bei der Selbsthypnose, die u. U. gefährlich sein kann. Das Entwickeln der ASW geschieht hauptsächlich durch a) die positive Einstellung ihr gegenüber und damit die freie und öffentliche Entfaltung, und b) die Benutzung dieses Talents, so oft es möglich ist. Je mehr wir die ASW ins Spiel bringen, desto mehr wird sie sich verstärken. Übung macht auch hier den Meister. Im allgemeinen ist eine zwanglose Entspannung sehr wesentlich, um solche Phänomene zu ermöglichen. Konzentration ist dabei nicht dienlich. Man darf nie vergessen, daß es nichts *Übernatürliches* gibt: Alles, was Menschen zustößt, ist *natürlich*, auch wenn manche unter ihnen es derzeit noch nicht begreifen!

2

Telepathie

Die Telepathie ist die wahrscheinlich am weitesten verbreitete, bestbekannte, aber am wenigsten verstandene Form von ASW. Der griechische Ausdruck Telepathie bedeutet wörtlich: Eindruck über eine Entfernung; für den Parapsychologen ist sie die einfachste Form außersinnlicher Wahrnehmung. Manchmal nennt man sie auch ›Gedankenübertragung‹, aber ich ziehe es vor, die telepathische Verständigung – egal ob als Sender oder Empfänger – als Wissen zu kennzeichnen, das ohne den Einsatz der fünf Sinne erworben wurde.

Gleich zu Beginn möchte ich den Begriff ›Gedanke‹ als Bild oder als Satz von Bedingungen definieren, der im Geist einer Person entstanden ist, oder die Beobachtung existierender Bedingungen durch eine Person, bei der sie von dem Kenntnis erhält, was sie durch die normalen fünf Sinne aufnimmt. Meiner Meinung nach ist der Gedanke auch ein elektrischer Impuls ähnlich dem einer Radiosendung, der durch das Gehirn ausgesandt wird. Da es sich um eine elektrische Einheit handelt, muß ein Gedanke natürlich irgendeine, wenn auch winzig kleine Substanz haben, und deshalb müßte es möglich sein, ihn zu registrieren, zu messen und auf neutrale, nicht-subjektive Art die Spur seiner Existenz zu verfolgen.

Gedankenaustausch im Experiment

Das, was die orthodoxe Medizin ›Gehirnströme‹ nennt, wird seit langem von den Elektroenzephalographen gemessen. Dieses Gerät registriert mit Hilfe von den an den Kopf gelegten Elektroden die winzigen Ströme innerhalb des Kopfes des Patienten.

Hat eine Person eine ›Idee‹, so heißt das, daß das Gehirn einen »Gedankenstrom« geschaffen und als »Gedankenwelle« ausgesandt hat. In der Regel kann man Richtung oder Intensität dieser Sendung nicht überprüfen, aber man kann besonders begabte Leute darauf trainieren, Gedankenmitteilungen so zu benützen, daß sie von einer anderen Person am Ende einer unsichtbaren Linie empfangen werden können. Dann haben wir ein zweiseitiges Experiment, das mit einfachsten Methoden überwacht werden kann. Wenn der Empfänger keinen sonstigen Zugang zu der übermittelten Information gehabt hatte, sich die empfangene Information aber als richtig herausstellt, so haben wir einen einwandfreien Fall erfolgreicher Gedankenübertragung oder Telepathie.

Die bekanntesten Experimente auf diesem Gebiet waren der Gedankenaustausch zwischen Harold Sherman, dem Mentalisten, und dem Arktisforscher Sir Hubert Wilkins. Sie wurden im Jahr 1937 durchgeführt, als Wilkins, ein Australier, eine Rettungsexpedition zum Nordpol führte, um einen russischen Piloten zu finden, der auf dem Eis notgelandet war. Wilkins, der sich schon lange für Telepathie interessierte, vereinbarte mit Sherman reguläre Verständigungsversuche über große Entfernungen mittels Telepathie.

Sherman sollte dreimal wöchentlich zu bestimmten Zeiten in seiner New Yorker Wohnung sitzen, während Wilkins am Nordpol nach dem vermißten Flugzeugführer suchte. Wilkins sandte Sherman seine Gedanken zu, führte darüber Tagebuch, und Sherman tat dasselbe in New York.

Jede Nacht sandten die beiden Experimentatoren Berichte über ihre Tätigkeit an Dr. Gardner Murphy, der jetzt Präsident der Amerikanischen Gesellschaft für Psychische Forschung ist. Als Dr. Murphy das Material verglich, entdeckte er, daß mehr als 70% der Eintragungen identisch waren.

Gelegentlich gelang Sherman eine Art Fernseh-Telepathie neben der gewöhnlicheren Radio-Telepathie. Am 11. November 1937 sah Sherman mit seinem geistigen Auge, daß Wilkins' Flugzeug in einem Schneesturm zu Boden gezwungen wurde, und unmittelbar anschließend empfing er ein Bild des Entdeckers, der auf einem Ball Walzer tanzte und einen Abendanzug trug. Er sah darin natürlich keinen Sinn.

Zehn Tage später kam Wilkins' eigener Bericht an. Auf einem Hilfsflug nach Saskatchewan mußte sein Flugzeug in einem Schneesturm in Regina niedergehen. Hier hatte der Gouverneur ihn zum Ball des Waffenstillstandstages eingeladen. Die Entfernung zwischen den beiden Männern betrug etwa 3500 Meilen, aber bei außersinnlichen Wahrnehmungen spielen Zeit und Raum keine Rolle.

Später ließ sich Sherman von dem Hollywoodproduzenten Iwan Tors testen, dessen Neugier er erregt hatte. In Anwesenheit einiger Ärzte setzte man Sherman in ein kleines Büro und schloß die Tür. Eine halbe Stunde lang notierte er Eindrücke, die er auf telepathischem Weg empfing.

Tors hatte sich mittlerweile an den Drehort eines Filmes begeben, an dem er damals gerade arbeitete. Shermans Notizen waren zu 80% korrekt und enthielten einige sehr schwierige Einzelheiten aus der Dreharbeit, auch Probleme, denen sich Tors gegenübersah und Dinge, die dem Produzenten an diesem Tag zugestoßen waren.

Das ist natürlich etwas anderes als die Aussendung klar umrissener Botschaften durch den Raum. Hier haben wir ein telepathisches Medium – Sherman –, der wahllos Gedanken und Situationen aus einer gewissen Entfernung aufnimmt, die ihm nicht ausdrücklich zugesandt wurden. Der Versuch gelang. ›Wechselseitige‹ Verbindungen sind kontrollierte Experimente, die oft über weite Entfernungen gehen; dabei empfängt eine telepathisch veranlagte Person Eindrücke von Situationen, während ein wissenschaftliches Team am anderen Ende aufzeichnet, was es sieht oder was geschieht. Hier gibt es viele einwandfrei dokumentierte Fälle.

Typisch ist dafür vielleicht ein Experiment, mit dem ich selbst gut vertraut bin und das vor etwa zehn Jahren in New York City stattfand. Eine Gruppe hatte sich an der Lower West Side versammelt und beobachtete einen jungen Mann namens Stanley, der sich in Trance versetzte, in der er sich an einen vorbezeichneten Ort in einer gewissen Entfernung projizieren konnte. Selbstverständlich kannte er diesen Ort vorher nicht. Das andere Team hatte eine Rose in eine Vase gestellt und ein Buch an einer ganz bestimmten Stelle aufgeschlagen, und dessen Wohnung sollte Stanley nun telepathisch besuchen.

Als er ›zurückkehrte‹, beschrieb Stanley ganz genau, was er gesehen hatte. Dieses Wissen konnte ihm nicht aus seiner Umgebung zugekommen sein, denn die wußte selbst nichts über Einzelheiten aus der anderen Wohnung.

Nun erhebt sich allerdings die Frage, ob Stanley ein Bild der Wohnung aus den Geistern jener empfangen hatte, die dort anwesend waren, was Telepathie gewesen wäre, oder ob er selbst in der Lage gewesen war, sein ›ätherisches Selbst‹ in jene Wohnung zu projizieren, das heißt also, seinen Körper kurzzeitig zu verlassen, das zu beobachten, was er aufnehmen konnte, und dann zurückzukehren. Dieses unkörperliche Reisen nennt man *astrale Projektion* und ist sowohl freiwillig als auch unfreiwillig nicht außergewöhnlich.

Ich bin überzeugt, daß viele telepathische Experimente auf dieser Projektion beruhen. Reine Telepathie, wo der Empfänger nirgends hingeht, sondern sich nur darauf konzentriert, Botschaften oder Eindrücke zu empfangen, ist spontan gar nicht ungewöhnlich, das heißt in jenen Fällen, die nicht erwartet oder durch Experimente veranlaßt wurden.

Eine Trennlinie zwischen Telepathie, Hellsehen und Vorauswissen (also das Voraussagen künftiger Ereignisse) und astraler Projektion (offensichtliche Reise des ›inneren‹ Körpers im Schlaf oder in Trance) läßt sich nicht eindeutig ziehen. Ich war lange der Meinung, daß es sie gar nicht gibt.

Sicher, wir müssen Experimente mit irgendeinem Etikett versehen, wenn wir sie vorsichtig und wissenschaftlich erforschen und erklären wollen, aber ich glaube fast, alle übersinnlichen Erlebnisse sind etwa von der gleichen Art. So wie es große und kleine Leute gibt, die diese oder jene Sprache sprechen und aus unterschiedlichen Verhältnissen stammen, die aber doch alle Menschen sind, so bin ich der Meinung, daß die verschiedenen Aspekte parapsychologischer Erlebnisse nur verschiedene Formen derselben Kraft sind, die sich wohl in spezifischen Umständen unterscheiden, nicht aber in ihrem Ursprung.

Abhängigkeit von Emotionen

Einfache Gedankenübertragung, also Telepathie ohne die Möglichkeit einer anderen Erklärung, wirkt am besten, wenn es dafür einen zwingenden Grund gibt. Besteht eine Art emotionellen Zwanges zur Übermittlung einer Botschaft, oder stehen normale Verständigungsmittel nicht zur Verfügung, so wirkt sie noch besser.

Vor einigen Jahren war ich bei einer Theaterprobe in New York, als mir plötzlich einfiel, daß ich mich mit dem inzwischen verstorbenen Lyriker John Latouche für fünf Uhr nachmittags des gleichen Tages verabredet hatte. Kein Telefon war in der Nähe, und der Gedanke, meinen verehrten Freund enttäuschen zu müssen, machte mich sehr unglücklich. Einer der anwesenden Sängerinnen fiel meine Unruhe auf. Sie war eine parapsychologisch sehr begabte junge Dame namens Future Fulton. Ihr erklärte ich mein Dilemma, und wie sehr ich wünschte, ich könnte Latouche eine Mitteilung senden, daß ich mich verspäten würde.

»Ist das alles?« fragte sie, schloß für einen Moment die Augen, atmete tief, öffnete sie wieder und erklärte mir: »Die Mitteilung wurde weitergegeben.«

Ich lachte ein wenig verlegen und machte mit der Arbeit weiter. Als ich gegen sechs Uhr nach Hause kam, rief ich sofort Latouche an und entschuldigte mich bei ihm, daß ich mich nicht früher gemeldet habe.

»Wovon redest du da?« fragte mich Latouche. »Du hast mich doch verständigt. Mein Auftragsdienst hat mir mitgeteilt, *jemand* habe um fünf Uhr angerufen und gesagt, daß du dich verspäten würdest.«

Telepathie ist am wirksamsten zwischen Leuten, die einander kennen und noch besser zwischen solchen, die einander gefühlsmäßig nahestehen. Das ist nicht erstaunlicher als die Tatsache, daß ein Elektrostecker am besten in eine extra dafür hergestellte Steckdose paßt, oder daß ein Theaterdirektor am liebsten mit Schauspielern arbeitet, die er schon kennt, weil da die Verständigung wesentlich einfacher ist. Zwei aufeinander abgestimmte Radios erzielen viel bessere Resultate als ein wahllos ausgesandter Funkstrahl, der einen Empfänger erst suchen muß und bei der Suche viel von seiner Energie einbüßt.

Ich habe bereits festgestellt, daß alle außersinnlichen Erlebnisse von Emotionen abhängig sind und die ganze Persönlichkeit umfassen. Diese Emotionen müssen nicht Liebe oder Haß sein. Kreative Erregung ist eine ebenso starke emotionelle Kraft. Viele Ideen scheinen ›in der Luft‹ zu liegen und werden dann gleichzeitig von einer Anzahl von Menschen aufgenommen, die nichts miteinander zu tun haben. Dieselbe Erfindung wird in weit voneinander getrennten Gebieten gemacht, und sich gleichende Musikstücke werden von Leuten geschrieben, die nichts voneinander wissen, aber doch das gleiche musikalische Thema verwenden. Einige Philosophen erklären uns, es gebe einen ›Weltgeist‹, aus dem alles Wissen stammt, und hat einer das richtige Werkzeug, so könne er ihn ›anzapfen‹.

Es kann aber auch nur irgendein starker Geist sein, der seine Gedankenwellen aussendet, die dann von einem anderen in einer vielleicht größeren Entfernung empfangen werden, ohne daß sich der Empfänger darüber klar ist, daß seine Idee aus einem anderen Geist stammt. Die Welt ist voll von solchen unabsichtlichen Plagiatoren.

Besonders merkwürdige Dinge ereignen sich zwischen eineiigen Zwillingen. Die Bindungen ihrer körperlichen Geburt erstrecken sich offensichtlich auch auf die Psyche. Sie fühlen zur gleichen Zeit Schmerz, selbst wenn weite Entfernungen sie trennen, und sie können sehr oft die Gedanken des anderen lesen. Die Zwillinge Young von Jackson, Mississippi, wurden kürzlich von Ophelia Rivers, Psychologin bei der Staatsuniversität von Mississippi, getestet: Sie verfügen über eine außergewöhnliche Fähigkeit, gedanklich miteinander zu verkehren.

»Senden« und »Empfangen«

Praktisch gesehen ist Telepathie eine Fähigkeit, die tief in jede Persönlichkeit eingebettet sein kann, aber nur solche, die ›gute Sender‹ oder ›gute Empfänger‹ sind, können dieses sehr wertvolle Talent praktisch verwerten.

In der Telepathie kommt es darauf an, ein möglichst einfach gehaltenes »Telegramm« durch Gedankenübertragung an eine andere Person zu schicken und zwar so, daß der Empfänger die Botschaft möglichst ganz versteht.

Man muß sich zuerst darüber klarwerden, was man »senden« will. Das ist nicht immer leicht, oft handelt es sich um komplizierte Botschaften, besonders wenn es wirkliche Notlagen sind, die zur Telepathie zwingen. Trotzdem muß man eine Formel finden, mit der das Gewünschte auf ein paar Worte reduziert werden kann. Wenn Worte nicht genügen oder vielleicht gar nicht erwünscht sind, kann man auch eine Bilderszene zusammenstellen und senden. Der erste Schritt ist aber jedenfalls die Suche nach dem scharf definierten, richtig überzeugenden Sendebild oder »Telegramm«.

Sobald Sie so weit sind, die Sendung ausstrahlen zu können, kommt die zweite Bedingung, die für den Erfolg von wesentlichem Einfluß ist: der physische und psychische Zustand des Senders. Wenn da etwas nicht in Ordnung ist, wird der Versuch kaum gelingen.

Hier einige Hinweise, wie das erreicht werden kann; das heißt natürlich, falls Sie ehrlich daran interessiert sind und keine Angst haben vor etwas, das völlig natürlich ist. Angst beeinträchtigt alle Formen außersinnlicher Wahrnehmungen.

Lernen Sie, alle Vorurteile zu beseitigen, grübeln Sie nicht darüber nach, ob es Ihnen gelingt oder nicht. Wenn Sie zweifeln, beschwören Sie den Mißerfolg herbei. Vorsichtiger Optimismus ist die beste Haltung, die Sie einnehmen können. Entspannen Sie sich und versuchen Sie, nichts zu erzwingen. Verkrampfung ist Ihr Feind. Eine sorglose, ungestörte, vor allem uneilige Haltung ist sehr hilfreich. Klammern Sie sich bei Ihren Experimenten nicht an ein starres Schema. Bestehen Sie nicht darauf, daß es morgen oder nächste Woche gelingen müsse. Bleiben Sie locker und lassen Sie es geschehen, ohne etwas erzwingen zu wollen; es geschieht dann ganz gewiß.

Stellen Sie sich die Person vor, der Sie Ihre Gedanken übertragen wollen, wenn Sie der Sender sind. Überprüfen Sie von Zeit zu Zeit Ihre Verbindung mit der anderen Person, um festzustellen, ob sie gelungen ist, aber beunruhigen Sie diese andere Person nicht. Das ist kein kontrolliertes wissenschaftliches Experiment, und wenn die andere Person sich Ihrer Bemühungen bewußt wird, könnte sie sich so sehr verkrampfen, daß Sie die doppelte oder mehrfache Mühe aufwenden müssen, zu ihr vorzudringen. Wenn der Empfänger nicht weiß, wann und was ihm telepathisch übermittelt wird, haben Sie am anderen Ende eine offene Tür.

Die besten telepathischen Ergebnisse lassen sich dann erzielen, wenn der ausgesandte Gedanke spontan und absichtslos empfangen wird. Sie denken zum Beispiel unvermittelt daran, wie nett es wäre, Ihre Mutter wiederzusehen. Ihre Mutter lebt aber in fünfhundert Meilen Entfernung. Genau in diesem Moment denkt Ihre Mutter an Sie, und wie nett es wäre, Sie zu sehen. Zufall? Nicht dann, wenn das in Tausenden von Fällen geschieht, und viele von ihnen lassen sich sehr leicht bestätigen. Gedanken gleichen in mancher Beziehung Radiowellen. Sie werden ausgestrahlt und verbreiten sich nach allen Richtungen, bis sich ihre Energie so sehr verdünnt, daß sie kaum mehr empfangen werden können.

Gedankenwellen geben ebenso wie andere Strahlungen winzigste Partikel ab, wenn sie sich ausbreiten, und werden allmählich schwächer. Aber dieser Verlust an Energiepotential ist so schwach, daß Gedankenwellen sehr große Entfernungen zurücklegen können, ohne merklich an Klarheit einzubüßen. So brauchen wir uns den Gesetzen von Zeit und Raum nicht zu unterwerfen. Gedankenwellen lassen sich auch nicht von soliden Gegenständen und anderen Hindernissen aufhalten. Sie durchdringen Mauern und werden auf eine noch nicht voll geklärte Art von ›darauf eingestellten‹ Empfängern aufgenommen oder angezogen. Es kann durchaus mehr als einen Empfänger geben, ebenso gut aber auch gar keinen. Sind die Gedankenwellen einmal vom Sender auf den Weg geschickt worden, so hat er keinen weiteren Kontakt mehr mit ihnen.

Wir wissen, daß Gedankenwellen im Geist entstehen, der das Gehirn als ›Schaltstelle‹ benützt. Die für die Ermöglichung des Prozesses benötigte Energie stammt aus dem Netzwerk der Nervenfasern innerhalb des menschlichen Körpers, der die dafür nötige Spannung aufbringt. In dieser Hinsicht ist noch eine ausgedehnte Forschung nötig, da die Mechanik der Transmission zuwenig bekannt ist. Ich kann aber feststellen, daß das Konzept sich von dem der Radiotransmission kaum unterscheidet: es ist nur unendlich feiner und sensitiver.

Obwohl Gedanken im Geist entstehen und vom Gehirn ausgesandt werden, empfängt das andere Ende sie durch den unbewußten Teil des Geistes. Bei geübten Experimentatoren ist es möglich, den bewußten Teil des Geistes gelegentlich auch als Empfänger zu benutzen, aber die große Majorität telepathischer Fälle verzeichnet einen spontanen Empfang, der sich des unbewußten Teils des Geistes, also des Unterbewußtseins, als Tor bedient.

Das schaltet Faktoren der Ratio und Verweigerung aus, die sich sonst einmischen und die Botschaft vernichten, ehe sie richtig eingeschätzt ist. Da nur wenige Menschen die Funktion der Telepathie verstehen, wird die Mehrheit jener, die solche Erlebnisse haben, den sich in ihnen herausbildenden Gedanken, der sie zu dieser oder jener Tat veranlaßt, als ›Ahnung‹ oder als plötzliche Inspiration bezeichnen.

Es gibt sehr viele Abstufungen telepathischer Verständigung, und sie reichen vom vagen Gefühl in Verbindung mit weit entfernten Menschen bis zum messerscharf geschnittenen Bild oder einer eindeutigen Botschaft, die sofort klar zu erkennen und zu bestätigen ist. Das hängt sowohl vom Sender als auch vom Empfänger und ihren persönlichen Fähigkeiten ab, sich von hemmenden Faktoren frei zu machen, ihre Vorurteile und Ängste abzulegen und von der Dringlichkeit der Botschaft.

Je stärker die Notwendigkeit der Mitteilung, je größer der Notfall ist, desto wahrscheinlicher ist auch eine starke Empfangsmöglichkeit. Unwichtige Informationen erzeugen kaum bemerkenswerte Eindrücke am anderen Ende der Leitung. Es gibt Fälle, in denen die Botschaft kaum mehr ist als ein freundlicher Gruß aus der Ferne. Telepathie kennt keine starren Regeln, aber sie funktioniert.

Auswirkungen der Telepathie

Wie kann sie sich bei Ihnen auswirken? In mancher Beziehung. Wenn Sie bereit sind, Mitteilungen solcher Art anzunehmen, ist es durchaus möglich, daß Sie in Gefahrenzeiten von jemandem, der Ihnen Gutes will, gewarnt werden. Sie können dies natürlich auch tun. Es ist absolut erregend, wenn zwei einander nahestehende Menschen wie Eheleute oder gute Freunde ohne gesprochene Worte miteinander verkehren. Nicht, daß man seinen Sprechmechanismus damit schonen möchte, sondern der momentane Gedankenfunke, der von Geist zu Geist fliegt, verstärkt die Beziehung zwischen den beiden Menschen, und das ist ein besonderer Segen dann, wenn kreative Arbeit damit verbunden ist. Zwei Partner, die zusammenarbeiten, wie zum Beispiel zwei Künstler oder Schriftsteller – und die beiden Gedankenprozesse können zu einer kreativen Höchstleistung zusammengeschaltet werden!

In geschäftlicher Beziehung kann der Gedanke, der dem Verkäufer oder Abteilungsleiter vom Mann gegenüber zufliegt, sehr nützlich sein. Das ist weniger Gedankenlesen als eine Einstellung auf die andere Person. Stellen Sie sich doch vor, wie erstaunt Ihr neuer Boß wäre, wenn Sie ihm das sagten, was ihm selbst im Moment durch den Kopf geht! Andererseits können Sie, falls Ihr Partner unzuverlässig ist, eine Gedankenwelle auffangen, die Sie zur Vorsicht warnt.

Obzwar es noch nicht Geräte gibt, die empfindlich genug sind, telepathische Sendungen aufzunehmen und zu messen, wissen wir doch, daß die Präsenz von sogenannten Gedankenformen und psychischen Schwingungen manchmal auf Oszilloskopen registriert wurde: d.h. in Räumen, in denen mediale Personen eine psychische Präsenz postulieren, hat das Instrument eine solche auch angezeigt. Derzeit arbeiten mehrere an der Parapsychologie interessierte Radiotechniker an entsprechenden Apparaten, ohne aber meines Wissens einen solchen bereits fertigen vorweisen zu können, zumindest einen, der zuverlässig arbeitet. Besonders Julius Weinberger von den RCA Laboratories hat auf diesem Gebiet viel Experimentalarbeit geleistet.

Ich behaupte nicht, daß sich jeder der Telepathie gleichermaßen bedienen kann. *Potentiell* ist sie eine verschüttete Fähigkeit, die durchaus zu aktivieren ist, wenn man die dafür richtige Haltung findet; und dann läßt sie sich durch den Gebrauch verbessern. Je mehr Sie sich entspannen und gleichzeitig projizieren – nicht anspannen, konzentrieren und grübeln –, desto besser sind Ihre Chancen, die Verbindung zu anderen Geistern herzustellen.

3

Die Dreieinigkeit Hellsehen, Hellhören und Hellriechen

Erlebnisse, welche die Zukunft voraussagen, sind die häufigsten außersinnlichen Wahrnehmungen. Unter diesen ist wohl Hellsehen das am weitesten verbreitete Erlebnis. In biblischen Zeiten sprach man von Prophezeiungen, und auf dem untersten Niveau nennt man sie Wahrsagerei. Auch hier scheinen Zeit und Raum keine Rolle zu spielen.

Ich bin überzeugt, daß es sich hier um einen Zweig mit drei Ausdrucksformen handelt. Ausschlaggebend ist hier wohl die besondere Veranlagung der medialen Person, das heißt jenes Gebiet, auf dem sich das parapsychologische Talent manifestiert. Manche Musiker sind zum Beispiel ausgezeichnete Pianisten, andere sind bessere Geiger oder Sänger; so gibt es Leute, welche Ereignisse voraussehen, andere, die Dinge hören, ehe sie passieren, und eine kleine Gruppe, die Eindrücke von Gerüchen aufnimmt, welche zu bestimmten zukünftigen Ereignissen gehören.

Hellseher sind wohl am zahlreichsten. Ihre Vision kann subjektiv – mit dem Geistesauge – oder objektiv – vor ihnen erscheinend – ablaufen. Hellhören bedeutet das Hören von Stimmen oder Botschaften mit dem inneren Ohr, ohne jedoch die sprechende Person zu sehen. Hellriechen kann auch gelegentlich sehr nützlich sein, aber die zuverlässigsten Daten stammen von den beiden ersten Zweigen des *Vorauswissens.* Damit beschreibt die Parapsychologie diese drei Fähigkeiten zur Erlangung von Informationen vor dem Eintritt von bestimmten Ereignissen.

Ich halte diese drei Möglichkeiten für ›fortgeschrittener‹ als Telepathie, da sie einen Blick in die Zukunft bedeuten oder mindestens über eine große Entfernung hinweg. Die meisten ASW-Erlebnisse gehören hierher.

Hellsehen – das zweite Gesicht

Hellsehen nennt man zuweilen auch ›zweites Gesicht‹. Man sieht ›hell‹ das, was andere Leute nicht zu sehen vermögen. Die Person, die hell sieht, nennt man Hellseher. Jeder ehrliche Wahrsager, jedes fähige spiritistische Medium, jede Person mit starken Ahnungen über künftige Ereignisse fällt als Hellseher in diese Kategorie.

Es gibt keine Frage darüber, daß es seit Urzeiten Menschen gab, die zukünftige Ereignisse voraussehen konnten. Jede Religion hat ihre ›Seher‹-Tradition, ihre Propheten. Viele dieser außerordentlich begabten Menschen waren hoch geachtet, besonders dann, wenn sich ihre Voraussagen bewahrheiteten. Andere fürchtete man als Verbündete des Teufels und verfolgte sie. Es entspricht der menschlichen Natur, das Übernatürliche zu wünschen und es gleichzeitig zu fürchten. Im alten Ägypten hielten sich die Königshöfe ihre eigenen Propheten, die zum Nutzen der Könige wahrsagten.

Hellsehen kann man nicht nach Wunsch und Willen, und Erkenntnisblitze oder bedeutungsvolle Träume wurden von jeher als sehr wichtige Ereignisse angesehen.

Die Propheten der vorchristlichen Hebräer nahmen oft im Volk eine ähnliche Stellung ein wie der römische Papst unter den Katholiken. Natürlich kamen sie oft in Konflikt mit der Macht des jeweiligen Herrschers oder der politisch/spiritistischen Kraft der Hohenpriester, aber auch sie wagten einen Jeremias oder Elias nicht anzutasten. Das gewöhnliche Volk lauschte ihnen voll Ehrfurcht, und sehr oft bewahrheiteten sich ihre Voraussagen, wenn sie auch oft ihre Visionen in eine blumige, poetische Sprache oder in Wortspielereien kleideten, verstanden wurden sie immer.

Daß Warnungen selten befolgt werden, ist nicht weiter erstaunlich. Auch heute noch weigern sich die von Hellsehern gewarnten Menschen meistens, ihren Kurs zu ändern. Hatte man Präsident Kennedy nicht oft genug gesagt, womit er rechnen müsse? Die Hellseher hatten Caesar vor den Iden des März gewarnt, aber auch er blieb an jenem Tag nicht im Bett. Hier erhebt sich die immer alte und gleichzeitig neue Frage von Schicksal und freiem Willen. Wenn ein Hellseher die Zukunft voraussieht und eine Person vor einem bevorstehenden Unheil warnt – wird nun dieses Ereignis auf jeden Fall stattfinden, oder kann die Warnung genügen zur Abwehr dieses Unheils?

Ich habe mich mit besonderem Interesse dieser Frage gewidmet. Offensichtlich kann der Hellseher den Trend der Ereignisse sehen; die Geschehnisse selbst sind stationär oder, anders ausgedrückt, in der Zeit fixiert. Die Menschen bewegen sich ihnen im normalen Verlauf ihres täglichen Lebens entgegen. Wenn ihre eigene Zeitspur die des Ereignisses kreuzt, so tritt das Ereignis eben ein.

Sind sie ›vorgewarnt‹, so können sie schneller oder auch vorsichtiger reagieren, um dem Schlag auszuweichen, ihn abzumildern oder sich wenigstens darauf einstellen. Schlagen sie die Warnung in den Wind, so ergibt sich das Ereignis wie vorausgesehen. Mit anderen Worten: freier Wille ist in Wirklichkeit die Reaktion eines Menschen auf gewisse künftige Ereignisse, und es hängt von der eigenen Reaktion ab, ob sie schädlich sind.

Mir scheint, das große Muster der Ereignisse liegt schon lange fest, ehe wir ihren Zeitplatz erreichen. Was andere Schicksal, Gott oder ähnlich nennen, bezeichne ich lieber als DAS GESETZ. Das Voraussehen von Ereignissen ist nicht notwendig mit einer geistigen Verständigung verbunden. Es beweist nicht das Überleben der menschlichen Persönlichkeit, sondern die Existenz einer außersinnlichen Fähigkeit innerhalb des Menschen, die ihn unter gewissen Bedingungen befähigt, die Barrieren von Zeit und Raum zu durchbrechen; mit anderen Worten: um die Ecke zu sehen.

Vor einigen Jahren hat der englische TV-Star Michael Bentine mir von einem bezeichnenden Vorfall erzählt. Er und sein verstorbener Vater waren sich parapsychologischer Talente bewußt. Michael plante eine Fahrt in den englischen Norden. Ein paar Tage vorher hatte er einen sehr lebhaften Traum. Er sah sich seinen Wagen mit großer Geschwindigkeit fahren. Plötzlich kam er an eine sehr scharfe Kurve, und unmittelbar vor ihm erschienen unvermittelt die Scheinwerfer eines anderen Wagens. Ein frontaler Zusammenstoß folgte.

Michael nahm diese Warnung nüchtern auf und begab sich auf die Fahrt. Er fuhr auf einer nächtlichen Straße, die ihm völlig unbekannt war. Plötzlich kam er an eine sehr scharfe Kurve, die Michael sofort als jene aus seinem Traum erkannte. Sofort bremste er – gerade noch rechtzeitig, um die Scheinwerfer des Wagens zu sehen, mit dem er frontal zusammengeprallt wäre, hätte er die Traumwarnung in den Wind geschlagen!

Hellfühlen

Manche Menschen haben solche Ahnungen, ohne sich darüber klarzuwerden. Das war der Fall, als Adlai Stevenson, der US-Botschafter bei den Vereinten Nationen, im Juli 1965 nach London abreiste. Man fragte ihn, wann er zurückkehre, und da antwortete er, ohne zu zögern: »Wenn ich diese Reise überlebe, bin ich in drei Wochen zurück.« Er überlebte sie nicht.

Der Philosoph des Orients mag von *Karma* sprechen, von Verdiensten oder ›Schulden‹ aus einer früheren Inkarnation und sagen, Karma bestimme, ob eine Warnung beachtet werde oder nicht. Vielleicht stimmt das, doch mir scheint, das ist eher eine Frage der Persönlichkeit.

Wir wissen, daß es viele Zigeuner-Wahrsager gibt, die ausgesprochene Betrüger sind, und etwa die Hälfte der Voraussagen an sich grundehrlicher professioneller ›Medien‹ und dergleichen trifft nicht oder zeitlich oder anderswie verschoben ein. Das läßt sich anhand von genauen Aufzeichnungen, die ich selbst über Jahre hinaus gemacht habe, eindeutig feststellen. Aber selbst wenn nur 20% aller Voraussagen zutreffen, so ist das ein Prozentsatz, der den der Wahrscheinlichkeit und des Zufalls weit übertrifft.

Es gibt dabei viel Geschwätz, Unsinn, Vermutungen und Halbwahrheiten. Ereignisse sind korrekt vorausgesagt, aber die Zeit stimmt nicht. Ich verurteile das an sich nicht, denn viele dieser ›Wahrsager‹ sind armselige Praktiker. Ich bin aber geübter Parapsychologe und habe Zugang zu sehr umfangreichem Material. Die Durchschnittsperson neigt dazu, vorhersagende Warnungen als lächerlich abzutun oder herunterzuspielen, wenn sie nicht an ASW glaubt. Wenn aber eine kleine Minderheit solche Warnungen ernst nimmt, so hat sich das noch immer irgendwie bezahlt gemacht.

Mrs. Liebowitz aus Brooklyn erklärte, sie habe sich immer ein eigenes Radio für ihr Zimmer gewünscht. Da sie keinen Nachttisch hatte, ließ sie sich ein Regal machen, auf das sie ihr Radio stellte. Das Regal befestigte sie über ihrem Bett.

Monate vergingen. Eines Nachts konnte ihre Mutter nicht schlafen; sie sah die Radioschnur um den Arm der Tochter gewickelt; als sie sich umdrehte, zog sie das Gerät herab, so daß ihr der Kopf zerschmettert wurde.

Dieses Erlebnis war so ungeheuer real, daß die Mutter in das Zimmer ihrer Tochter lief; und richtig, der Arm lag genauso an der Wand, wie sie es gesehen hatte, und um den Arm geschlungen war die Radioschnur. Mit der nächsten Bewegung hätte sie das Gerät vom Regalbrett gerissen, so daß ihr der Kopf zerschmettert worden wäre.

Nicht jede Vorahnung kommenden Unheils ist so klar wie diese. Manchmal hat man nur ein unbehagliches Gefühl, daß etwas passieren werde, und wenn der Empfänger dieses Gefühl beherzigt, wird es sehr nützlich sein.

Am 30. Juli 1963 berichtet die Associated Press aus Miami, Florida:

Royce Atwood Wight machte ein Schläfchen im Schlafzimmer seiner kleinen Hütte, wachte aber plötzlich auf und rannte zur Hütte hinaus.

Sekunden später krachte eine zwölf Meter hohe und drei Tonnen schwere Betonsäule, die in unmittelbarer Nähe seiner Hütte aufgestellt wurde, durch das Hüttendach.

»Ich hatte eine Ahnung von kommendem Unheil«, sagte Wight, glücklich über seine Rettung.

Am 28. Mai 1963 berichtete der *New York Mirror*, die sehr beliebte Fernsehschauspielerin Arlene Francis habe kurz vor ein Uhr mittags das Haus ihrer Agentin Gloria Safier verlassen, um zu ihrer wöchentlichen Sendung nach New York zu fahren.

»Das ist eine Unheilsfahrt, und mir wäre lieber, ich müßte sie nicht machen«, bemerkte sie. Unterwegs verlor sie die Kontrolle über ihren Wagen und prallte mit einem anderen zusammen; bei dem Unfall wurde eine Frau getötet. Sie hatte gewußt, daß etwas Schreckliches passieren würde.

Vorauswissen und Schicksal

Eines ist gewiß: Wenn Tausende Ereignisse vorhergesehen haben, dann müssen diese Ereignisse vor dem betreffenden Moment festgestanden haben, also geplant gewesen sein. Ich bin der Meinung, daß ein Universalgesetz diese Welt regiert – und auch die benachbarte Welt, die für alle unsichtbar ist, nur nicht für den Parapsychologen. Für mich ist das Schicksal kein allmächtiges *Kismet*, sondern ein intelligentes, gerechtes System, in dem die Person weder Pfand noch Macht ist, sondern Partner. Was der Mensch selbst aus seinen Möglichkeiten macht, bestimmt seinen Fortschritt.

Es klingt vielleicht grausam oder ungerecht, wenn unschuldige Menschen in Tragödien verwickelt werden und daran leiden; es ist die Idee der Reinkarnation mit ihren karmischen Gesetzen von Lohn und Strafe, die eine *logische* Erklärung für diese anscheinenden Ungerechtigkeiten bietet. Aber Professor Carl Jung hat auf ein Gesetz des bedeutungsvollen Zufalls hingewiesen, welches in unserem Universum immer wieder mitspielt.

Könnte es nicht sein, daß eine ganze Reihe von Faktoren – stationäre Ereignisse, die von Mächten jenseits aller menschlichen Möglichkeiten hervorgerufen sind, persönliche Anstrengungen, bisher unverständliche Bindeglieder zwischen Vergangenheit, Gegenwart und Zukunft und dergleichen – zu dem beiträgt, was uns irgendwann einmal zustößt?

Im Jahr 1963 wurde ein Mann des Mordes an seiner Frau angeklagt. Die Anklage stützte sich in erster Linie auf die Tatsache, daß der Mann eine hohe Lebensversicherung für seine Frau abschloß, deren Begünstigter er sein sollte. Dieser Umstand war als Tatmotiv angesehen worden. Als ich die Zeugenaussage las, zweifelte ich sehr daran, daß der Mann die Tat begangen haben könne, denn er hatte eine Vorahnung davon gehabt, die ihn als Täter ausschloß.

Theo Wilson, Korrespondent der *New York Daily News*, war beim Prozeß anwesend, und ich berichte auszugsweise aus der Gerichtsreportage folgendes:

Elf Monate, bevor Carol Thompson erschossen und erstochen wurde, erzählte ihr weinender Mann einem Freund von einer ganz schrecklichen Vorahnung, daß »Carol innerhalb eines Jahres einen entsetzlichen Unfall« erleiden würde.

T. Eugene Thompson, der Mann, weinte zum erstenmal im Gerichtssaal, seit er des Mordes an seiner Frau angeklagt worden war, als sein Freund diese Aussage machte. Und James R. Treanor, ein Zeuge der Anklage, beschrieb genau diese Vorahnung, während zwei andere Hellseher Erlebnisse aus Thompsons Kindheit und Jugend schilderten, die er ihnen einmal während eines gemeinsamen Essens berichtet hatte.

Treanor hatte als Versicherungsagent an Thompson zwei Lebensversicherungen auf seine Frau verkauft. Thompson erzählte ihm im April 1962 auch von seinen schrecklichen Ahnungen aus früherer Zeit. So habe er zum Beispiel gewußt, daß seine Schwester einen tragischen Unfall erleiden würde; er habe geweint und sich nicht davon abbringen lassen, daß ihr etwas zugestoßen sei, das ihren Tod zur Folge hatte. Er habe genau gesehen, wie ihr Wagen von der Straße weggetragen worden sei, und an den erlittenen Verletzungen sei sie gestorben.

Auch als sich sein Bruder verabschiedete, weil er im Zweiten Weltkrieg Soldat war, wußte er, daß dessen Tod bevorstehe. Wenig später kam er bei einem Unglück um.

»Und er erzählte mir auch«, berichtete Treanor weiter, »daß er eine Vorahnung hatte, Carol werde einen schrecklichen Unfall erleiden, und da brach er dann auch zusammen.«

Er habe versucht, ihm diese Ahnung auszureden, aber Thompson habe davon gesprochen, daß sie etwa innerhalb von neun Monaten sterben werde. Er habe entweder den 8. oder 9. Februar 1963 genannt und erwähnt: »Jim, wenn dieses tragische Ereignis eintritt, dann weiß ich nicht, was ich tun werde.«

Dann habe er, um ihn abzulenken, mit ihm um ein Milchshake gewettet, daß ein solch tragisches Ereignis nicht eintrete. Die zwei genannten Tage seien dann vergangen, und am 12. Februar habe er Thompson angerufen und ihn an die Wette erinnert. Thompson habe die Wette dann auch mit einem ganz großen Milchshake eingelöst.

Und einen Monat später war Carol tot.

Hätte er, wie der Staatsanwalt behauptete, das Verbrechen begangen, so hätte er auch seine eigene Rolle bei der Tragödie mit vorausahnen müssen. Es ist ganz unwahrscheinlich, daß ein parapsychologisch veranlagter Mensch zwar den Tod eines nahen Verwandten oder Angehörigen voraussieht, seinen eigenen Anteil jedoch nicht, wenn es sich, wie in diesem Fall, um ein von ihm angeblich begangenes Verbrechen handelt.

Nicht jeder Mensch ist fähig, seine Ahnungen irgendwie aktiv umzusetzen; primitive Menschen grundsätzlich nicht.

Das geschah zum Beispiel mit zwei Arbeitern aus Puerto Rico; Incarnation Martinez war das Opfer, Angel Ortega der Mörder. John Cirri und Jack Smee berichteten am Neujahrstag 1961 in *News* darüber.

Martinez kam nach Mitternacht in ein Lokal in Puerto Rico, in dem etwa 20 Stammgäste saßen. Er erklärte: »Mir ist es egal, wer mich umbringt.«

Zu den Gästen gehörte Ortega, der düster über seinem Bier brütete und sich plötzlich dessen bewußt wurde, daß er für sein im Gürtel steckendes Brotmesser ein Ziel hatte. Später erzählte er dann vor der Anklagebehörde, er sei monatelang nachts mit dem Messer im Gürtel durch die Straßen gelaufen und habe darauf gewartet, »daß etwas passierte«, bei dem er das Messer brauche.

Martinez trank zwei Flaschen Bier, und sein dummes Geschwätz ärgerte die anderen Gäste. Einer begann mit ihm zu streiten. Martinez bezog einen Schlag auf die Nase und taumelte blutend hinaus.

Auf der Straße stand Ortega, der vor dem brabbelnden Eindringling hinausgeschlüpft war. Im nächsten Moment war alles vorüber, und Ortega ging nach Hause in sein Zimmer, das um die Ecke lag. Dort ließ er von seiner Freundin Edelmiro Navarro, 20, das Messer reinigen.

»Ich habe eben einen Mann erstochen, den ich gar nicht kannte«, berichtete er ihr.

Warum geschah das? Wurde der Mann von einer Kraft gelenkt, die ihn von außen her dirigierte? War er besessen? Wurde damit nur eine Rechnung aus einem früheren Leben beglichen, wie die Anhänger der Reinkarnation sagen würden? Oder war nur das Leben des einen abgelaufen, und das blinde Schicksal ließ ihn eben auf diese Art enden?

Sicher hing dieses Geschehnis von den Persönlichkeiten

dieser beiden Männer ab. Wären sie anders gewesen, hätte sich vermutlich auch ihr Schicksal anders gestaltet.

Wir wissen genau, daß zahlreiche Hellseher und Medien den Mord an Präsident Kennedy vorausgesehen haben; ich selbst kenne mindestens ein Dutzend davon. Natürlich wurden deren beschwörende Briefe von keinem ernst genommen. Jene Berichte, die mir erst nach seinem Tod zugingen, sind natürlich nicht so wertvoll wie die solcher Hellseher, die vor dem Mord ihre Warnungen und Befürchtungen vor Zeugen ausgesprochen oder schriftlich niedergelegt haben, so daß sie später bestätigt werden konnten.

Jedenfalls war die Welle der sich nähernden Tragödie von solcher Kraft, daß viele medial veranlagte Personen ihr Kommen fühlten. Die wohl berühmteste unter ihnen war die bekannte Wahrsagerin Jeane Dixon, die inzwischen wegen ihrer unfehlbaren Vorhersagen berühmt wurde. Ruth Montgomery hat ein Buch über sie geschrieben *The Gift of Prophecy – Jeane Dixon.*

Ich kenne Ruth Montgomery als gute Reporterin, seit sie mit mir in Arlington ein Gespensterhaus überprüft hatte. Sie ist sehr an okkulten Dingen interessiert und für die unsichtbare Welt um uns herum ungemein aufgeschlossen. Sie übertreibt nicht, wenn sie von Jeane Dixon berichtet.

Am Morgen nach dem Mord beschrieb *New York Journal-American* kurz Mrs. Dixons Rolle in der Tragödie:

Der tragische Tod von Präsident John F. Kennedy wurde 1956 und in der vergangenen Woche noch zweimal von Jeane Dixon, der bekannten Hellseherin, vorausgesagt.

Schon seit Jahren hat sie das Capitol durch außerordentlich genaue Vorhersagen in erregtes Staunen versetzt. Die Wahlen von 1960 würden von einem Demokraten gewonnen werden, der – nicht unbedingt in seiner ersten Amtsperiode – im Amt sterben oder ermordet werden wird . . .

Mrs. Dixon sagte der Zeitung folgendes dazu:

»Der Mord am Präsidenten wurde für Sonntag zwischen fünf und sechs Uhr nachmittags geplant und ausgeführt. Am vergangenen Sonntag erzählte ich John Teeter, Direktor des Damon Runyon Cancer Fund, mit dem ich zu Abend aß, daß ich fühle, wie sich ein schwarzer Schleier über dem Weißen Haus schließe. Ich hatte diesen Schleier in der Vergangenheit schon oft gesehen, aber nun kam er näher.«

Am Dienstag habe sie von ihrer Sorge um die Sicherheit des Präsidenten gesprochen, während sie mit Inspektor Charles Benter von der U.S. Navy Band und Mrs. Harley Cope, der Witwe des Admirals Harley Cope, zu Mittag aß.

»Ich sagte zu ihnen, ›lieber Gott, dem Präsidenten wird bald etwas ganz Entsetzliches zustoßen‹«, erinnert sie sich. »Und wieder erwähnte ich den schwarzen Schleier, der sich immer enger um das Weiße Haus schloß.«

Jack Anderson, ein Reporter von *Parade*, kannte Jeane Dixon schon längere Zeit vor dem Mord. Zum erstenmal interviewte er sie im Jahr 1956, und da machte sie die ersten Voraussagen über Kennedys Schicksal.

Damals war man sehr skeptisch und zweifelte die okkulten Fähigkeiten von Mrs. Dixon an. Es läßt sich aber nicht leugnen, daß sie die Zukunft mit unheimlicher Genauigkeit vorausgesagt hat. Unter denen, die auf sie schwören, sind Senatoren, Kongreßmänner, Botschafter, Kabinettsangehörige und zahlreiche hohe Beamte und bekannte Persönlichkeiten.

Im Jahre 1956 hielt man ihre Voraussagen für an den Haaren herbeigezogen, so daß man beschloß, sie nicht zu drukken. Mrs. Dixon gab an, sie sehe in ihrer Kristallkugel einen großen, silbernen russischen Ball, der die Erde umkreise. Kaum zwei Jahre später schossen die Russen am 4. Oktober 1957 ihren ersten Sputnik in die Umlaufbahn um die Erde.

Präsident Eisenhower, sagte sie, werde trotz seiner Herzanfälle eine zweite Amtszeit bekommen.

Mrs. Dixon wurde in Wisconsin von deutschen Eltern

geboren und wuchs in Kalifornien auf. Als Kind hatte sie eine deutsche Erzieherin, die sie ermutigte, ihre Augen zu schließen und zu erzählen, was sie sah. Sie berichtet: »Manchmal sah ich Dinge, die sich noch nicht ereignet hatten. Einmal fragte ich Mutter nach dem Brief mit dem schwarzen Rand. Sie sagte, sie habe keinen solchen Brief. Doch etwa zwei Wochen später kam tatsächlich ein solcher Brief aus Deutschland, der vom Tod meines Großvaters berichtete.«

Es gibt sehr viele Voraussagen Jeane Dixons, die eingetroffen und sehr wenige, die nicht eingetroffen sind. Sie gibt offen zu, daß sie ja nicht unfehlbar sei, wenn sie ihre ›Gesichte‹ interpretiert. Sie bedient sich dabei einer Kristallkugel, die ihre inneren Kräfte zu konzentrieren scheint. Ihre spontanen Visionen, die sie weder bewußt sucht noch erwartet, waren jedoch *niemals* fehlerhaft.

Manche Hellseher bedienen sich bei ihren Vorhersagen einer Kristallkugel, während andere dieselben Resultate mit Teeblättern, Kaffeesatz oder Karten erzielen. Das sind nur unterschiedliche Formen zur Konzentration, die Gegenstände selbst haben keine übersinnlichen Kräfte.

Es gab – und gibt – natürlich Zweifler, so auch einen Iren, Polizei-Captain bei der Astoria-Wache. Seine Frau hatte eines Nachmittags seine Mutter und Freundinnen zum Tee.

»Ich sehe ein Holzlager am Fluß«, sagte die Mutter und starrte in des Captains Teetasse. »Und ich sehe einen großen jungen Polizisten mit dem Rücken an einem Holzstapel stehen. Er hat den Revolver gezogen. Die Mütze wurde ihm vom Kopf geschlagen, und eine Bande von Gaunern kreist ihn ein.«

Die Frauen lachten, aber der Captain wurde plötzlich sehr ernst. »Gott, das muß mein Sohn James sein. Er ist ein Streifencop. Ich warnte ihn, er solle sich vor der Hellgate-Bande in acht nehmen. Sie seien in Tisdales Holzhof.«

Der Captain fand seinen Sohn von Gangstern umringt, wie die Mutter es ihm aus der Teetasse wahrgesagt hatte.

Nicht alle Wahrsager haben soviel Glück. Im allgemeinen werden sie von der Polizei verfolgt und gejagt, denn sie macht keinen Unterschied zwischen parapsychologisch hochbegabten Personen und hungrigen Zigeunern, die Leichtgläubigen für einen Dollar aus der Hand lesen.

Daher kommt die merkwürdige Lage der medial veranlagten Personen in den Vereinigten Staaten. Um nicht für das, was sie sind, ins Gefängnis gehen zu müssen, werden sie Religionsdiener. Als ›Geistliche‹ einer spiritistischen Sekte können sie ihre Kunst frei ausüben – ehrlich oder nicht –, aber die kleine alte Dame in der Nachbarschaft, die kein solches ›Zertifikat‹ vorweisen kann und wahrsagt, um ihr Taschengeld ein wenig aufzubessern, hat es nicht leicht; mit ihr kann die Polizei recht unfreundlich verfahren. Manchmal ist allerdings ein Richter auch fair. UPI berichtete vor ein paar Jahren:

Mrs. Jean Fraser, 71, wurde nach ihrer Verhaftung wegen Wahrsagerei wieder entlassen, als drei ziemlich verlegene Polizeibeamtinnen bestätigten, daß ihre Aussagen völlig richtig seien. Mrs. Fraser liest aus Teeblättern die Vergangenheit und aus Karten die Zukunft.

Die Polizeibeamtin Kay Burford sagte, Mrs. Fraser habe ihr erklärt, sie komme aus einer dreiköpfigen Familie, sie werde im April heiraten, und das Hochzeitsdatum habe eine Zwei dabei. Sie gab zu, daß all dies richtig sei, und sie denke daran, am 28. April zu heiraten.

Ihre beiden Kolleginnen Dorothy Ellis und Shirley Read erklärten ebenfalls, daß das, was Mrs. Fraser ihnen gesagt habe, in jeder Beziehung richtig sei.

Man könnte natürlich nun fragen, weshalb die Wahrsagerin ihre eigene Schwierigkeit nicht vorausgesehen habe, aber das geschieht kaum einmal. Vielleicht stehen sich alle Hellseher selbst zu nahe und fürchten unbewußt, daß ihr bewußtes Wissen sich unwillkürlich infolge gewisser ›ätherischer‹ Gesetze mit ihrer hellseherischen Fähigkeit vermischen könnte. Ich selbst bin nämlich davon überzeugt, daß alles, was mit der unsichtbaren Welt zu tun hat, auch bestimmten Gesetzen unterliegt und nicht nur dem blinden Zufall in der bunten Welt des Mystizismus ausgeliefert ist.

Die Anhänger der Reinkarnation werden geltend machen, daß es das Karma oder vorbestimmte Schicksal der Frau sei, in Schwierigkeiten zu geraten und dann ihre Begabung beweisen zu müssen. Vielleicht haben sie recht.

Hellriechen

Die dritte Form außersinnlicher Wahrnehmungen ist ›Hell‹-Riechen, also die Fähigkeit, Gerüche wahrzunehmen, die andere medial veranlagte Personen nicht aufnehmen können. Diese Form ist jedoch sehr selten, doch man muß mit ihr rechnen und sie zu erklären versuchen.

Für mich ist das insofern leichter, als ich diese Gabe bis zu einem gewissen Grad selbst besitze. Sie kann mit meiner sehr ausgeprägten Nase zusammenhängen, sie kann aber auch auf meine überdurchschnittliche akute Sensibilität auf anderen Gebieten zurückzuführen sein, denn ich habe Gerüche festgestellt, die von anderen nicht wahrgenommen werden konnten. Lange, ehe andere Menschen einen leichten Gasgeruch feststellen, habe ich ihn schon registriert.

Auf parapsychologischem Gebiet geht meine erste Begegnung mit dieser Fähigkeit ins Jahr 1955 zurück. Ich war der Einladung eines Amateurmediums zu einer Testsitzung in Brooklyn gefolgt. Es ging nicht um Geld, und das Medium – eine Dame namens Bertha – wußte von mir und meiner Familie kaum etwas. Die Dame hatte mich nur einmal bei einer Vorlesung über Parapsychologie gehört und mit mir gesprochen, ohne zu wissen, wer ich war.

Ihre Wohnung war die der typischen Mittelklasse, ohne

besondere Kennzeichen oder Schönheit, jedoch gemütlich. Bertha war Witwe und lebte von einer Pension; sie war ein wenig dick und recht unauffällig. Im Wohnzimmer befanden sich außer uns noch zwei Leute, Freundinnen von ihr. Wir schalteten die meisten Lichter ab, und Bertha begann zu ›lesen‹; das heißt, sie nannte Namen, Orte und Situationen, die in ihr Bewußtsein drangen.

Ich saß in einem tiefen Lehnstuhl und dachte praktisch an gar nichts. Mir liegt nämlich nichts daran, mit ›geliebten Dahingeschiedenen‹ in gewollten Kontakt zu kommen, und ich war eigentlich nur als Beobachter anwesend.

Plötzlich hatte ich den klar umrissenen Eindruck, daß eine Räucherpfanne oder ein Weihrauchtopf vor mir geschwungen werde. Ich sah ihn nicht, doch mit diesem Eindruck kam ein sehr starker Geruch nach Maiglöckchen, der vor meinem Gesicht vorbeistrich. Ich schaute mich, so gut es im verdunkelten Raum möglich war, nach Blumen um, und da kündigte Bertha an, meine Mutter sei ›hereingekommen‹ und wolle mich wissen lassen, daß sie da sei. Sie nannte den Anfangsbuchstaben meiner Mutter, M, doch das erstaunte mich nicht, denn das hatten viele andere vor ihr auch getan. Interessant war das nur deswegen, weil der Lieblingsduft meiner Mutter und auch ihre persönliche Blume das Maiglöckchen war.

Ich hatte den Duft einige Augenblicke vor Berthas Ankündigung wahrgenommen. Nachdem wir die Lichter angedreht hatten, untersuchte ich sorgfältig den ganzen Raum, roch an Berthas Kleidern und auch an denen ihrer Freundinnen – niemand hatte ein Parfüm, einen Duft an sich, der auch nur entfernt an Maiglöckchen erinnerte. *Und nur ich allein hatte diesen Duft festgestellt!*

Oft stellen Menschen, die an einer Séance teilnehmen oder ein parapsychologisches Ereignis erleben, einen scharfen, stechenden Geruch fest, der sich jeder vernünftigen Erklärung entzieht. Zwischen diesem Geruch und der Formung von Ektoplasma und dessen Ursprung innerhalb des Drüsenapparates des Mediums scheint ein Zusammenhang zu bestehen. Oft ist auch ein feiner Dunst oder Nebel von Ektoplasma in diesem starken Geruch zu spüren. Er verschwindet, sobald das Ektoplasma in den Körper des Mediums zurückgekehrt ist, oder so scheint es wenigstens. Das sind jedoch keine subjektiven Halluzinationen, sondern neutrale, meßbare Erscheinungen, bei denen greifbare Substanzen auftreten.

Die Entwicklung der eigenen Fähigkeiten

Der Wert des Hellsehens und Hellhörens ist unbestritten, da man von bevorstehenden Gefahren oder Bedingungen erfahren kann; man ist vorgewarnt, und das kann eine große Hilfe sein, egal, was sich dann ergibt.

Beim Hellriechen ist das nicht ganz so einfach, denn damit wird kaum eine klar verständliche Botschaft geliefert. Ich bin der Meinung, daß Hellriechen eine Begleiterscheinung dort ist, wo eine klare Identifikation einer Persönlichkeit erwünscht oder notwendig wird. Ist, wie im vorliegenden Fall, der Anfangsbuchstabe zur Kennzeichnung einer Person nicht ausreichend, so kann ein charakteristischer persönlicher Duft sehr nützlich sein.

Zusammenfassend zu diesen drei Formen des Hellsehens, Hellhörens und Hellriechens möchte ich noch einmal bemerken, daß sie ein Segen sind, kein Fluch. Diese Fähigkeiten können ebenso wenig unterdrückt wie willkürlich aktiviert werden, aber man kann sie sozusagen ›locken‹, wenn man es ihnen ermöglicht, daß sie sich frei entwickeln.

Hellsehen, Hellhören und Hellriechen sind natürliche, angeborene Fähigkeiten. Außergewöhnlich stark entwickelte Fälle kommen von Zeit zu Zeit vor, wie es eben auch hervorragende Konzertpianisten gibt und nebenbei Hunderttausende gute Klavierspieler. Bis zu einem gewissen Grad kann man eine derartige angeborene Fähigkeit entwickeln, indem man sie benutzt, wann immer es sich so ergibt und sich davor nicht scheut. Diese Fähigkeiten willkürlich, sozusagen auf Befehl heranzuziehen, ist nicht möglich. Theoretisch gesprochen könnte ein Berufsmedium sich tagein, tagaus Wissenschaftlern zur Verfügung stellen und stundenlang Experimente vornehmen. Dabei würde allerdings ein beträchtliches Quantum an Resultaten herauskommen. Aber auf ersten oder auch zweiten Anhieb ein positives Resultat zu erlangen, ohne lange Stunden mit dieser Arbeit zu verbringen, ist kaum möglich.

Selbst ausgesprochene Skeptiker können sie nicht ableugnen, denn es gibt zu viele bestätigte Fälle.

Die beiden damit verbundenen Schwierigkeiten sind sowohl wissenschaftlicher als auch philosophischer Art. Wissenschaftlich gesehen ist Vorauswissen so zu erklären, daß es Ereignisse schon gibt, ehe wir uns ihrer bewußt werden oder bevor wir mit ihnen zu tun haben. So gesehen, kann die konventionelle Idee von der Starrheit von Zeit und Raum nicht mehr länger aufrechterhalten werden, und wir müssen wohl eine neue Erklärung und Einstellung zu diesen Dimensionen finden, die auch zu erklären vermag, wie Einbrüche in die Barriere von Zeit und Raum durch Vorauswissen möglich sind.

In der Philosophie gehen wir von einem geordneten Universum aus, in dem ein Meisterplan – oder auch mehrere – gilt. Diesen Plänen entsprechend bewegen wir uns bestimmten Ereignissen entgegen.

Wer überwacht den Ablauf dieser Pläne? Was ist das Kriterium ihres Ergebnisses? Und was können wir dazu tun?

Die Religion hat eine recht probate Antwort auf diese Fragen, weil sie alles in die Hände des Allmächtigen legt. Aber man kann im Herzen sehr religiös sein und trotzdem mehr verlangen. Die Natur der Gottheit ist eine philosophische Frage, aber sie muß notgedrungen auch wissenschaftlich sein, wenn eine für die ganze Menschheit gültige Religion gefunden werden soll.

Vielleicht ist die am leichtesten zu akzeptierende Antwort die, daß Gott in uns allen ist und wir alle ein Teil Gottes sind und daß das Universum nach eindeutigen Gesetzen abläuft, die auch die Ereignisse in Zeit und Raum bestimmen. Die Frage, wer dies alles so eingerichtet hat, bleibt immer noch offen. Wer und was hat es begonnen – und wann?

Ich wollte, ich wüßte die Antwort.

4

Astrale Projektion oder unkörperliche Reisen

Das Erlebnis, außerhalb des eigenen Körpers zu sein, erfährt man viel häufiger, als man glauben sollte. Allerdings ziehen es die meisten Menschen, die dies erleben, vor, darüber zu schweigen, weil sie sich lächerlich zu machen fürchten, oder sie verstehen den Vorgang nicht und werten ihn als bösen Traum.

Vor einiger Zeit haben Sylvan Muldoon und Dr. Carrington diese Phänomene logisch in einem Buch erklärt, das als klassisches Werk über den Astralflug gilt. Dr. Hereward Carrington ist Parapsychologe zunächst in New York, später in Los Angeles, der verschiedene Experimente mit medialen Personen durchführte, teils auch unter der Ägide der American Society for Psychical Research. Darunter waren besonders aufsehenerregend die Versuche, den Astralkörper unter kontrollierten Bedingungen auszustrahlen, und zwar so, daß er an einem dem Subjekt unbekannten Ort gewisse Beobachtungen machen und diese dem Experimentator mitteilen sollte. Sylvan Muldoon war ein Mann, der dieses erstaunliche Talent an sich erkannt hatte und sich an Dr. Carrington gewandt hatte, um es weiter zu erforschen.

Muldoon war der »Flieger«, Carrington der Beobachter und Prüfer. In diesem Buch habe ich schon einmal das Thema astraler Projektion angeschnitten, wenn sie unter kontrollierten Bedingungen und mit Forschungsgruppen stattfinden, die alle Phasen genau überwachen. Man weiß, daß solche Experimente nicht ungefährlich sind, und Madame Helena Blavatzky, die Gründerin der Theosophischen Bewegung, glaubte, daß man solche Ausstrahlungen lieber sein lassen sollte, da Gefahr bestünde, daß ein Fremder in den physischen Körper Einlaß finden könne. Obwohl für diese Ansicht keinerlei Beweismaterial vorliegt, sollte man doch den Ausstrahler vor Überraschungen und Berührung durch Uneingeweihte beschützen. Wenn ein Schock die ordnungsgemäße Rückkehr des nichtkörperlichen Teiles in den Körper verhindert, können ernstliche mentale Störungen die Folge sein. Alles muß wieder genau an seinen Platz sinken, sonst sind Schäden unvermeidlich.

Wie geht eine Astralprojektion vor sich?

Lassen Sie mich kurz erklären, wie eine Astralprojektion vor sich geht. Im typischen Fall hat eine Person plötzlich das Gefühl, sich selbst vom eigenen Körper zu erheben, sich aus ihm herauszulösen. Solche Erlebnisse kommen gewöhnlich spätnachts oder in den frühen Morgenstunden vor, wenn das Bewußtseinsniveau niedrig ist. Viele Fälle kommen aber auch bei hellwachen Menschen vor, denn der Astralflug beschränkt sich auf gar keinen Fall auf einen traumähnlichen Zustand. Zuerst fühlen sich diese Leute erschreckt, ganz besonders dann, wenn sie ihren eigenen Körper sehen, der unter ihnen schläft.

Manchmal finden sie sich in einer Ecke des Raumes wieder, sehen ›sich selbst‹ und überlegen, ob sie wohl tot seien; oft werden sie auch mit großer Geschwindigkeit über Land getragen, und dann merken sie, daß sie zu weit entfernten Orten unterwegs sind. Während dieser schnellen Reise sind sie sich ihrer eigenen Person voll bewußt, aber die Welt um sie herum ist auf unheimliche Art plastischer und klarer umrissen als im gewöhnlichen Leben.

Manche Astralreisende sprechen von einem bläulichweißen Licht, in das alles getaucht ist, und sie haben keine Schwierigkeiten, durch Mauern hindurchzusehen oder -zugehen und in anderer Leute Häusern herumzulaufen. Meistens besuchen sie Menschen, die sie bewußt oder unbewußt seit langem zu sehen verlangten, aber gelegentlich gelangen sie auch an Orte, die sie nicht kennen.

Befinden sich diese Astralreisenden dann an dem Ort außerhalb ihres Bettes, sind sie absolut in der Lage, in jeder Beziehung als Beobachter zu funktionieren. Oft sind sie viel aufmerksamer und erinnern sich viel deutlicher jeder kleinen Einzelheit, als sie es könnten, wären sie leiblich durch die Tür des Raumes gekommen.

Das beweist, daß unsere physikalischen Körper unsere Sinne beeinträchtigen und beschweren, daß unsere wahren Persönlichkeiten viel besser wirken könnten, benützten wir nur unsere ›ätherischen Gegenstücke‹, also die sogenannten inneren Augen und Ohren. Das scheint zuzutreffen sowohl auf die vorübergehende Abwesenheit aus dem physikalischen Körper, die wir Astralprojektion nennen, wie auch auf das permanente Exil, genannt Tod.

Der einzige Unterschied ist die An- oder Abwesenheit eines dünnen, schimmernden Verbindungsgliedes, das man allgemein als ›Silberschnur‹ bezeichnet; sie verbindet die astrale Persönlichkeit mit ihrem Körper, etwa so, wie ein Atemschlauch den Tiefseetaucher mit der Kontrollstation des Schiffes auf der Meeresoberfläche verbindet.

Ist sie einmal durchschnitten, kann die Person nicht mehr in ihren Körper zurückgezogen werden und ist das, was wir als ›tot‹ bezeichnen. Es ist richtig, daß dies gelegentlich auf Astralreisen geschehen kann, aber es kommt außerordentlich selten vor und ist dann in der Regel auf sehr große Sorglosigkeit des Astralreisenden zurückzuführen oder darauf, daß sich jemand in Unkenntnis der wahren Lage an dem ›schlafend‹ zurückgelassenen Körper entsprechend zu schaffen macht.

Das ist auch die eigentliche Gefahr der Astralreise, und es wird empfohlen, daß Personen, die von dieser Gabe bei sich selbst wissen, immer nachts die Türen abschließen und ausdrückliche Anweisung zurücklassen, sie nicht ›aufzuwecken‹!

In unserer skeptischen Zeit mag das schwierig sein, aber es gibt keine andere Alternative, sich selbst zu schützen. Eine spontane Astralprojektion läßt sich nicht unterdrücken, wie sich auch Gedanken nicht einfach ausschalten lassen.

Vom wissenschaftlichen Kontrollstandpunkt aus gesehen ist die Astralprojektion vorwiegend eine subjektive Erfahrung, und nur umfangreiche parallellaufende Beobachtungen können Hinweise auf Struktur und Wirkungsweise geben. Aber es gibt eine ganze Reihe von bestätigten Fällen, wo ein Astralreisender tatsächlich am anderen Ende der Reise gesehen, gehört oder gefühlt wurde, so daß das subjektive Erlebnis von objektiven Beobachtern gestützt und bestätigt wurde.

Zeit und Raum

Daß die Zeit eine wirkliche feste, überkommene Regel ist und nicht eine unabhängige Dimension, ist aus der Tatsache zu ersehen, daß sich Unterschiede in der regionalen Zeit immer auf die korrekte lokale Zeit einspielen. Das heißt also, wenn die Astralprojektion einer Person in ihrem nicht-körperlichen Zustand um 3 Uhr nachmittags in Los Angeles gesehen wird, und der Reisende selbst erinnert sich daran, genau um 6 Uhr sein Erlebnis in New York gehabt zu haben, so haben wir davon auszugehen, daß der Zeitunterschied zwischen der Ost- und Westküste drei Stunden beträgt, so daß also praktisch keine meßbare Zeit vergangen zu sein scheint zwischen dem Beginn und der Vollendung der Astralreise.

Ich bin überzeugt, daß auch für die Astralreise eine ganz winzige Zeitspanne angesetzt werden muß, aber sie kann kaum größer sein als die Zeit, die ein Gedanke dafür braucht. Nach Einstein ist nicht die Lichtgeschwindigkeit die äußerste Grenze des Erreichbaren, sondern die des Gedankens. Der Gedanke kann im Bruchteil einer Sekunde ungeheure Distanzen durcheilen. Gedanke und Astralprojektion sind elektrische Impulse und daher vom Zeitelement abhängig, wenn auch der Zeitverlust so winzig ist, daß er nicht gemessen werden kann. Eines Tages werden wir Geräte auch zur Messung solcher Zeitunterschiede haben, und dann wird sich herausstellen, daß es einen ganz geringen Zeitunterschied zwischen Anfang und Ende des astralen Weges gibt.

Die Dauer einer Astralreise hängt vom Entspannungszustand der projektierten Person ab. Ein sehr nervöser, ängstlicher Mensch muß nur den ängstlichen oder dringenden Wunsch nach seinem eigenen Bett verspüren, und schon wird er zurückgezogen; er schnappt etwa so wie ein Gummiband zurück, und das ist nicht besonders angenehm.

Viele haben dieses Erlebnis wie ein Gefühl des Herabfallens aus großer Höhe beschrieben oder auch wie eine wahnwitzige, nach unten führende Spirale; und dann wacht man plötzlich im eigenen Bett auf – erschrocken wie nach einem schlechten Traum.

Ich bin überzeugt, daß dieses Gefühl des Fallens nicht von einem physikalisch gesehenen Fall herrührt, sondern nur eine plötzliche Verlangsamung der Vibrationsgeschwindigkeit der eigenen Person darstellt. Das psychische Leben, also auch die Astralreise, wickelt sich bei viel höheren Geschwindigkeiten ab als das physische Leben. Wenn also eine Person sozusagen ganz unvermittelt und ruckhaft von ihrer Straße gezerrt wird, so wird ihre Geschwindigkeit ebenso ruckhaft abgebremst, was zu einem Schockzustand führt. Die dichtere körperliche Atmosphäre führt zu einem langsameren Pulsieren. Meistens kehrt ein Astralreisender langsam und gradweise in seinen Körper zurück, so daß keine üblen Begleiterscheinungen zu verzeichnen sind. Eine zu plötzliche Rückkehr läßt sich mit dem Kreischen der Bremsen und dem Quietschen der Reifen bei einer Vollbremsung aus großer Geschwindigkeit vergleichen.

Psychiater haben das sehr häufige Gefühl des Fallens aus großer Höhe im Traum aus dem Ausdruck einer Angst zu erklären versucht. Aber dieses Gefühl ist so allgemein, daß man nicht sagen kann, alle die Leute, die es erlebten, hätten unterdrückte Ängste oder Angstkomplexe. Astralreisende haben es auch im Wach- oder Halbwachzustand.

Ich glaube, es ist ein mechanisches Symptom, das dann auftritt, wenn der Astralleib zu schnell in den materiellen Körper zurückgeholt wird. Aber bleibende Schäden entstehen daraus nicht. Der folgende Moment der nebelhaften Verwirrung ist demnach dem Aufwachen aus einem sehr lebhaften Traum ähnlich, in dem es keine astrale Projektion gegeben hat. Manche Astralreisende sind jedoch sehr müde, als seien ihre physischen Energien aufgebraucht. Und das sind sie ja auch!

In den Akten der Amerikanischen Gesellschaft für parapsychologische Forschungen ist ein Fall festgehalten, der vor einigen Jahren auch veröffentlicht wurde. Eine junge Dame der Gesellschaft namens Betsy reiste astral zum Haus ihrer Mutter, das über tausend Meilen entfernt war. Sie erzählt es selbst:

»Ich trat ein und lehnte mich mit gekreuzten Armen an den Geschirrschrank, wie ich das oft tue. Ich sah meine Mutter an, die sich über etwas Weißes beugte und etwas mit ihren Händen tat. Erst schien sie mich nicht zu sehen, doch dann schaute sie auf. Ich hatte ein Gefühl der Freude, blieb noch einen Moment stehen, drehte mich dann um und tat vier Schritte.«

Hier wachte Betsy auf. Ihr Wecker zeigte 2.10 Uhr nachts. Der Eindruck, ihre Mutter eben gesehen zu haben und von ihr gesehen worden zu sein, war so überwältigend, daß sie am Morgen brieflich anfragte, ob sie während der Nacht etwas Ungewöhnliches erlebt habe.

»Warum bleibst Du nicht zu Hause?« antwortete die Mutter. »Dann bräuchtest Du nicht so weit entfernt herumzuschweifen, wenn Du schläfst. Weißt Du, daß Du für ein paar Sekunden hier warst?« Die Mutter schrieb, es sei genau 1.10 Uhr gewesen (sie lebte in der westlichen Zeitzone, also eine Stunde voraus), »Deine Zeit 2.10 Uhr. Ich bügelte in der Küche eine Bluse, denn ich konnte nicht schlafen. Ich schaute auf und sah

Dich am Geschirrschrank stehen und lächeln. Ich setzte zum Sprechen an, aber da warst Du verschwunden.« Betsy trug die blaue Bluse, die ihre Mutter im Traum gesehen hatte.

Reisehellsehen und Gedankenprojektion

Es gibt auch eine halb-freiwillige Astralprojektion; eine Person *will* einen weit entfernten Platz besuchen, den sie nicht kennt. Bringt ein solcher Besuch nachprüfbare Einzelheiten und eine entsprechende Bestätigung, so läßt sich der Wahrheitsgehalt des Experiments um so genauer feststellen.

Manche Forscher nennen einen solchen Vorgang ›Reisehellsehen‹. Andere sagen, daß nur ein Teil der Persönlichkeit der Projektion unterzogen wird, daß sich jedoch der lebenswichtige Teil nicht bewegt. Ich finde, das ist nicht recht glaubhaft. Es reist nicht ein Teil des Astralleibes, während der physische Körper mit dem Rest des Astralleibes zurückbleibt, sondern der gesamte Astralleib reist.

Es gibt viele bestätigte Fälle, in denen plötzlich und für kurze Augenblicke eine lebende Person andere Personen in großer Entfernung leibhaftig erschien. Meistens liegt dem eine emotionelle Situation zugrunde. Entweder soll die Erscheinung des Lebenden vor bevorstehender Gefahr oder einem Unglück warnen, oder der Sender selbst ist in Schwierigkeiten und sucht Hilfe. Aber die Projektion ist in allen Fällen sehr plötzlich und von ganz geringer Dauer, während die Erscheinungen von Toten länger dauern.

Ich neige zu der Ansicht, daß diese Gedankenprojektionen, bei denen eine lebende Person einer anderen lebenden Person erscheint, extrem schnelle Astralprojektionen sind. Dabei ist der Astralleib schon wieder zurückgekehrt, ehe sich der Reisende seines Ausflugs überhaupt bewußt wird. Dazu braucht man auch gar nicht im Bett zu liegen; in den meisten

Fällen hat man nur ein plötzliches Gefühl der Abwesenheit, des Nicht-ganz-da-Seins.

Während der Forschungsarbeiten zu meinem früheren Buch *Gespensterjäger* lernte ich eine junge japanisch-amerikanische Frau namens Mia Yamaoka kennen, die verschiedentlich parapsychologische Erlebnisse hatte. Mich interessierte besonders ihre Fähigkeit zu astraler Projektion. Sie geschahen aus einer gefühlsmäßigen und persönlichen Notwendigkeit heraus, um Kontakt mit Verwandten aufzunehmen, deren Spur sie verloren hatte. Sie hatte ein Instruktionsbuch über Selbsthypnose gelesen und befolgte ganz genau dessen Anweisungen zu richtiger Entspannung. Hier ist ihr Bericht.

»Ich lag auf dem Bett und konzentrierte mich auf einen kleinen Gegenstand unter der Decke. Ich entspannte mich absichtlich, bis ich schläfrig wurde, atmete tief und begann zu zählen. Ich spürte, wie mein Körper zur Decke hinaufstieg; da gab ich ihm Anweisung, eine Schwester zu besuchen, die in Los Angeles in einem Krankenhaus lag. Ich selbst befand mich in New York. Während ich zur Decke schwebte, sah ich meinen Körper auf dem Bett liegen. Plötzlich raste ich durch die Fensterwand hinaus und schien durch die Luft zu fliegen. Unterwegs sah ich Leute in ihren Betten schlafen, wenn ich durch Häuser flog. Wo sich keine Häuser befanden, war der Himmel dunkelblau. Dann sah ich die Brandungswellen des Ozeans gegen Felsen schlagen, und da kam mir der Gedanke, ich sei an der Westküste. Plötzlich landete ich auf einem großen Rasenplatz. Dahinter lag ein Gebäude, das wie ein Krankenhaus aussah. Meine Schwester erschien, und da wir uns seit fast zwanzig Jahren nicht mehr gesehen hatten, umarmten wir einander weinend.
Ich musterte ihr Gesicht und stellte fest, daß sie gealtert war, seit ich sie zuletzt gesehen hatte. Und da fiel mir ein, daß ich ja etwas haben sollte, das diesen Besuch bestätigte, und besah mir genau ihr Kleid. Es war weiß und hatte einen Besatz aus schwarzer Zackenlitze.

Nach einer Woche beschloß ich, auch eine meiner anderen Schwestern zu besuchen. Auch sie wohnte in Los Angeles, und meine Reiseerfahrung war dieselbe. In ›einem Augenblick‹ erreichte ich die Stadt. Ich befand mich in einer Straße mit kleinen, etwas zurückgesetzten Häusern und Bäumen davor. Ich bemerkte eine kleine Veranda. Seit etwa zwei Jahren hatte ich von ihr nichts mehr gehört, und damals hatte sie in einem Mietshaus gewohnt. Ich dachte also, das könne nicht der richtige Ort sein. Ich rief ein paarmal leise ihren Namen, doch niemand erschien. Aber ich wollte natürlich einen Beweis für meinen Besuch haben.

Schließlich schrieb ich einen Brief an die letzte mir bekannte Adresse und bat um Nachsendung. Es war ziemlich umständlich, aber meine Schwester antwortete mir.

Vor etwa einem Monat besuchte ich diese Schwester in Los Angeles, erklärte ihr meinen Versuch und beschrieb das Haus. Sie bestätigte mir, das sei genau das Haus gewesen, in dem sie zu jener Zeit gewohnt habe. Auch die kleine Veranda und die Bäume beschrieb sie. Da war mir alles klar.«

Die eigene Astralreise

Astrale Ausstrahlung ist ungefährlich (obwohl es den uneingeweihten mitunter erschrecken kann), und die meisten Fälle ereignen sich nachts, ohne daß der »Astral-Reisende« etwas dazu tun kann oder muß. Kontrollierte Astralausstrahlungen sind möglich, obwohl nicht jeder dazu taugt. Besonders nervöse, verkrampfte Menschen werden es kaum schaffen. Dazu gehört eine gewisse Erschlaffung des Widerstandes, Vertrauen, daß der Versuch auch gelingen wird, und ganz besonders keinerlei Angstzustände oder Zweifel.

Angenommen, Sie sind ein gutes Subjekt ohne Hemmungen und wollen einen Versuch unternehmen. Dann wird es am zweckmäßigsten sein, ein Experiment am Spätnachmittag oder später kurz vor dem Schlafengehen anzusetzen. Wenn der Mensch müde ist, ist es leichter, den physikalischen vom astralen Körper zu trennen. Man legt sich auf ein Bett oder eine Couch (auch ein sehr bequemer Lehnstuhl ginge) und suggeriert sich das Schweben. Teil für Teil – Fuß, Hand, Kopf, Körper – wird man sich leichter fühlen, bis man nach einigen Minuten mit geschlossenen Augen dem Astralkörper den Befehl gibt, auf das vorher bestimmte Ziel zuzuschweben. Gleichzeitig instruiert man ihn nach einer gewissen Zeit, ohne Zwischenfall wieder in den physikalischen Körper zurückzugehen. Dieses Experiment wiederholt man einige Male, falls es beim ersten Versuch noch nicht geklappt hat. Selbst wenn die Silberschnur, die die beiden Körper verbindet, dem Astralreisenden nicht sichtbar ist, bedeutet das nicht, daß sie gerissen ist. Also keine Panik.

5

Die verschiedenen Aspekte der ASW und ihre Handwerkszeuge

Wie ich schon sagte, sind alle parapsychologischen Kräfte grundsätzlich auf einen zusätzlichen ›Sinn‹ zurückzuführen, der durch die normalen Sinne oder auch ohne sie arbeitet. Es gibt viele Erscheinungsformen dieses zusätzlichen Sinnes.

Auch Tiere haben ihn in Abstufungen. Haustiere, die sehr von menschlicher Liebe und Fürsorge abhängen, zeigen in dieser Hinsicht oft sehr großes Talent, das weit über natürlichen Instinkt oder besonders scharfe Sinne hinausgeht. Die Wissenschaft hat noch immer nicht geklärt, wie die Brieftauben über Tausende von Meilen heimfinden; auch Hunde und Katzen legen oft weite Strecken zurück, um zu ihren menschlichen Freunden zu finden. Wir können hier nur keine Tests veranstalten, weil man Hunde und Katzen nicht interviewen kann. Einen ›ätherischen‹ Wesensteil, also das Innere oder auch die Seele, müssen wir aber nicht nur dem Menschen, sondern allem Leben zugestehen, sogar den Pflanzen.

Beweise dafür gibt es genug. Die innere Welt unterliegt nicht den körperlichen Begrenztheiten und der Verwesung. Wir haben Photos von Pflanzen, die ein langsam schwindendes Kraftfeld zeigen, nachdem man sie geschnitten hatte, und über einem gerade getöteten Tier verweilt noch für einige Zeit eine gewisse Energiekonzentration. Damit dürfte bewiesen sein, daß auch Tier und Pflanze, also alle Lebensformen, eine nichtkörperliche Komponente haben, die der Tod nicht zerstört.

Beim Menschen sollte diese Energie durch den Verstand kontrolliert werden. So behält sie Form, Persönlichkeit und andere Eigenheiten, die eine Person ausmachen. Tiere können sie nicht so leicht kontrollieren, aber ihre emotionellen Wesensteile funktionieren weiter und bleiben so lange bestehen wie die gefühlsmäßigen Bindungen mit ihren Besitzern.

Bilokation

Wir haben einen psychischen Sinn, der in verschiedenen Formen auftritt; wir haben gesehen, wie Vorauswissen und astrale Projektion arbeiten. Vielleicht hängt das Phänomen, das wir ›Bilokation‹ nennen, mit der astralen Projektion zusammen.

Es geschieht manchmal, daß ein lebender Mensch gleichzeitig an zwei verschiedenen Orten gesehen wird von zuverlässigen Personen, die diesen Menschen nicht erwarten und auch keiner ›Halluzination‹ unterliegen.

In einem meiner Bücher, *Ghosts I've Met*, erwähnte ich eine junge Dame namens Mina Lauterer, die sehr ausgeglichen und ein nüchterner Beobachter ist. Sie erlebte es einige Male, daß man sie gleichzeitig an verschiedenen weit auseinanderliegenden Orten sah, ohne daß sie körperlich dort gewesen wäre.

Einmal ging sie in Greenwich Village eine Straße entlang, als sie einen Bekannten sah, den sie in Chicago wußte. Sie ging, erstaunt darüber, ihn in diesem Künstlerviertel zu treffen, über die Straße, um ihn zu begrüßen, und da löste er sich vor ihren Augen auf. Das verstörte sie so, daß sie dem Mann nach Chicago schrieb. Es stellte sich heraus, daß er zu der Zeit, da Mina ihn in Greenwich Village sah, in Chicago war, aber an sie gedacht hatte. Mina sah also jemanden, der nicht da war. Irgendwie hatten die beiden sich ›über Kreuz‹ projiziert.

In *Ghosts I've Met* veröffentlichte ich den Fall einer Frau, der Elemente von Vorauswissen oder örtlicher ›Entrückung‹ zusätzlich zu denen einer Bilokation aufweist.

»Ich war in New York, lag im Bett und war in einem Zustand des Halbschlafes; da sah ich ein Gesicht wie auf einer Filmleinwand, aber mit meinem geistigen Auge, denn ich hatte die Augen geschlossen. Das ist der erste Fall, wo ich im Geist ein vorher nie gesehenes Gesicht erblickt habe.

Etwa sechs Wochen später erhielt ich eine Einladung auf eine Plantage nahe von Turbo in Kolumbien, Südamerika. Am

Sonntagnachmittag ging ich mit meinem Gastgeber, einem Amerikaner, und meinem kolumbianischen Freund in die Stadt. Bei diesem Stadtbummel begegnete mir ein großer, schöner, gut gekleideter junger Mann. Er schien nicht hierher zu gehören, ebensowenig wie meine Freunde und ich. Aber er sah mich nicht an. Das ist ungewöhnlich, denn südamerikanische Männer schauen Frauen eigentlich immer recht dreist an.

Er kam mir bekannt vor, und da fiel mir ein, daß es das Gesicht war, das ich mit meinem geistigen Auge vor Wochen in New York gesehen hatte!

Am folgenden Tag wurden wir von unserem Nachbarn zu Cocktails eingeladen. Er sagte, ein junger Flieger, der jeden Monat etwa um die gleiche Zeit in Turbo sei, bleibe über Nacht und setze dann seine Runde zu anderen Ortschaften fort. Der junge Mann sei der Sohn des Gouverneurs eines kolumbianischen Staates und komme gerade aus Cartagena, dem Geschäftssitz der kleinen Luftlinie.

Als ich den Mann sah, erkannte ich in ihm denjenigen, den ich schon am Tag vorher im Städtchen gesehen hatte. Ich fragte ihn, ob er wirklich erst am Montagmorgen angekommen sei, und er ließ keinen Zweifel daran, daß er nicht am Sonntagnachmittag in Turbo gewesen war, als ich ihn sah. Gekleidet war er so, wie ich ihn am Sonntag gesehen hatte. Etwas später konnten wir in Cartagena seine Angaben nachprüfen. Sie wurden bestätigt – er war viele Meilen weit weg, als ich ihn sah!«

Psychometrie

Eine der häufigeren Formen außersinnlicher Wahrnehmungen wird Psychometrie genannt, also etwa »Messen« der Ausstrahlungen anderer Personen »mit dem psychischen Sinn«. Sie kann von Vergangenheit, Gegenwart oder Zukunft handeln; wirklich scheinen auch alle drei Zeiten ein kontinuierlicher Zustand zu sein, wenn man sie vom psychischen Standpunkt aus betrachtet. Die Barrieren zwischen einer Vergangenheit, die endgültig vorüber, einer Gegenwart, die jetzt, einer Zukunft, die noch nicht ist, sind irgendwie beseitigt und erlauben es dem Operator, das zu sehen, was sich sonst hinter einem Schleier verbirgt.

Menschen mit diesem Extrasinn müssen einen Gegenstand berühren, der der Person gehört, die sie erforschen wollen. Das kann ein Taschenkamm, eine Haarlocke, eine Uhr oder sonst etwas sein. Es ist dabei von Vorteil, wenn man dem Psychometriker keinen sehr alten Gegenstand gibt oder einen, der für längere Zeit an mehreren Körpern getragen wurde. Am besten sind Dinge, die vom Besitzer selbst erworben und nur von ihm getragen worden sind. Ein Ring oder eine Uhr z.B.

Der Psychometriker berührt den Gegenstand, entspannt sich und dringt dann allmählich in die Atmosphäre der Person ein, die er ›lesen‹ will.

Psychometrie ist so häufig, daß ich bereit bin, sie als verkümmerte Form der Intuition anzusehen, die dem Menschen als natürliche Erweiterung seiner fünf Sinne ursprünglich mitgegeben war, die aber verlorenging, weil sie mit zunehmender Zivilisation immer weniger gebraucht wurde. Ich habe gefunden, daß ich sie absichtslos im Laufe der Zeit bis zu einem gewissen Grad entwickelt habe. Bei meinen Experimenten stellte ich jedoch fest, daß sie bei sorgfältig ausgewählten Fremden ganz gut und ziemlich genau wirkte, aber in einer kleinen Auswahl von Fällen war das Ergebnis gleich Null, so etwa, als habe sich eine unsichtbare Wand zwischen uns geschoben.

Psychometrie arbeitet am besten, wenn zwischen dem ›Leser‹ und seinem Subjekt keine wechselseitige Beziehung besteht. Es ist aus ganz klaren Gründen wünschenswert, daß der ›Leser‹ wenig oder nichts über sein Subjekt weiß. Er darf keine Fragen stellen oder sich erst nach Abschluß des Lesens erkundigen, ob das erlangte Material korrekt war oder nicht.

Die Erklärung für dieses Phänomen ist ziemlich einfach. Wenn der Mensch eine lebende elektromagnetische Einheit ist, dann muß er Strahlung abgeben. Diese geringe Strahlung ist jener ähnlich, die von anderen Lebewesen ausgeht, aber auch von anorganischen Dingen wie Sternen oder radioaktiven Materialien. Eine sensitive Person reagiert auf diese Strahlungen.

Es geht einem doch oft so, daß man einem Fremden begegnet, ihn ›instinktiv‹ mag oder nicht mag, oder sogar seinen Charakter erkennt. Natürlich gibt es Menschen, die ein hohes Maß dieser Sensitivität haben; vielleicht deshalb, weil sie über feinere oder zahlreichere Nervenenden verfügen, über eine emotionell reichere Psyche oder aus sonst einem Grund. Sie erreichen sehr schnell einen ergiebigen Kontakt. Vielen anderen gelingt das niemals.

Manchmal genügt der Anblick einer Person, manchmal ein Händeschütteln, manchmal braucht man etwas mehr Zeit, um in die Atmosphäre des anderen einzudringen. Diese Reaktionen erweisen sich sehr häufig, so emotionell und unlogisch sie auch meistens sind, als durchaus korrekt.

Leider folgt nicht jeder Mensch dieser Reaktion, denn allzu viele tun sie als Einbildung oder Vorurteil ab. Fast jeder normale Mensch hat von Zeit zu Zeit solche Eindrücke. Vielleicht hat ein gebildeter, künstlerischer Mensch tiefere Eindrücke zu gewinnen als ein Maurer, aber auch hier gibt es Ausnahmen. Dieses Erahnen anderer Personen gehört zur Intuition und daher auch zur Vorahnung und zu höheren Formen medialen Ausdrucks. Es ist eine rudimentäre Form des Extrasinnes.

Wie ich schon sagte, kann ein Psychometriker Eindrücke über eine andere Person damit gewinnen, daß er einen dieser Person gehörigen Gegenstand in die Hand nimmt, um Kontakt mit deren Atmosphäre zu gewinnen. Wie kann ein ›totes‹ Objekt, das der Mensch geschaffen hat, solche Informationen vermitteln?

Es klingt absurd, ist aber logisch. Die vom Besitzer ausgehende Strahlung hat den Gegenstand längst mit einem unsichtbaren Film magnetischer Energie überzogen. Diese Strahlung bleibt ewig an diesem Gegenstand, wenn er nicht einen neuen Besitzer bekommt, dessen magnetische Strahlung dann die des ersten Besitzers überdeckt.

Wie kann aber nun eine sensitive Person wirkliche Ereignisse oder Tatsachen von einem toten Objekt lesen, selbst wenn es mit menschlicher Strahlung bedeckt ist? Die Strahlung selbst ist unpersönlich; es sind ja nur winzige Energiepartikel, die sich mit bekannter Geschwindigkeit bewegen.

Die Antwort darauf liegt in der Natur des Menschen selbst. Den Menschen umgibt ein elektromagnetisches Feld aus reiner Energie. Dieses Feld kann mit emotionellen Erinnerungen geprägt werden, die für immer dort erhalten bleiben, ähnlich wie bei einem elektronischen Computer, der ihm eingegebene Informationen speichert und sie auf Abruf abgibt.

Ich habe gefunden, daß meistens nur der emotionelle Teil des Menschen den körperlichen Tod überlebt. Logisch, daß ein kleiner Teil des Wissens beim Übergang vom körperlichen zum nichtkörperlichen Zustand verlorengeht. Das heißt, daß bis zu zwei Drittel der menschlichen Erfahrung in seiner eigenen Atmosphäre, seinem elektromagnetischen Feld, gespeichert sind, das andere Drittel, das Routineerlebnisse enthält, Alltagsarbeit und unwichtige Alltagserlebnisse umfaßt, dagegen nicht. Die Erlebnisse verändern das elektromagnetische Feld, das die Persönlichkeit des Menschen darstellt und sich von dem jedes anderen menschlichen Wesens unterscheidet. Partikel dieses Feldes werden ständig abgestrahlt und bedecken allmählich den Gegenstand, den der Mensch an sich trägt und den unser Psychometriker nun zu lesen versucht.

Während er liest, bezieht er natürlich aus der Strahlung Impulse, die er über seinen eigenen psychischen Apparat in Worte oder Wortbilder umsetzen kann.

Dieses System und das Fernsehen lassen sich hier miteinander vergleichen. Eine sehr empfindliche Kamera tastet ein Bild oder Wortbild ab, überträgt diese Lichtimpulse in elektrische Signale und schickt diese über die Antenne in die Atmosphäre. Am anderen Ende werden sie von der Empfangsantenne aufgefangen, entschlüsselt und über eine sehr empfindliche Kathodenstrahlenröhre des Geräts wieder in Bilder und Worte übertragen. Sie sehen also praktisch ohne Zeitverlust – sicher gibt es einen winzigen Zeitverlust –, was in größerer Entfernung gesendet worden war.

Wir haben ausgeführt, wie die Strahlung eines Menschen über einen von ihm an sich getragenen Gegenstand aufgenommen werden kann. Die vergangenen oder auch gegenwärtigen emotionellen Stimuli sind schon im Persönlichkeitsfeld des Subjekts eingebettet. Was ist aber mit Ereignissen, die noch nicht stattgefunden haben?

Ich habe in den Jahren meiner Forschungen festgestellt, daß der größte Teil des Materials der Psychometriker aus Vergangenheit und Gegenwart stammt. Ein geringer Teil handelt aber auch von der Zukunft und wird später als richtig vorhergesehen bestätigt.

Die meisten dieser erforschten Ereignisse sind vom Subjekt weder bewußt noch unbewußt beeinflußbar. Wenn zum Beispiel ein Psychometriker ein Stück Papier mit ein paar gekritzelten Worten in der Hand hat und dann sagt, der Schreiber der Zeilen werde einen Beruf ausüben, in dem eine Aktentasche getragen wird, so wird das Subjekt nicht sofort ausziehen, um eine Aktentasche zu kaufen.

Wenn ein Psychometriker auch künftige Ereignisse voraussehen kann, die sich nicht aus dem Erscheinungsbild des Subjekts schließen lassen, so kann nur angenommen werden, daß unser elektromagnetisches Feld, also unsere Persönlichkeit, auch künftige Impulse zu speichern vermag, ohne daß wir dessen normalerweise gewahr werden. Es sind Fälle bekannt und bestätigt, daß jemand blitzartig Dinge sieht, die er künftig tut. Unsere Freunde vom Spiritismus haben eine passende Erklärung dafür, denn sie geben uns kleine freundliche Hinweise auf die Zukunft. Ich zweifle nicht daran, daß es nichtkörperliche menschliche Wesen gibt, die auch intervenieren, und daß die Toten nicht auf malerischen Wolken sitzen und auf der Harfe klimpern.

Wir brauchen viel natürlichere Erklärungen für die Schau in die Zukunft. Die Idee der Reinkarnation bietet da ein vielversprechendes Konzept an. Sind wir zum Beispiel mit einer ›Lochkarte‹ als Seele geboren, dann könnte es doch sein, daß sich im Lauf des Lebens einige dieser ›Löcher‹ enträtseln. Wenn uns ein Psychometriker zu lesen versucht, gibt es vermutlich noch eine ganze Reihe nicht geklärter ›Löcher‹. Ist er begabt, kann er uns dadurch einen Ausblick auf die Zukunft geben.

Viele der sich als Hellseher bezeichnenden Medien sind in Wirklichkeit Psychometriker. Sie brauchen ein paar auf einen Zettel geschriebene Worte. Wenn dann das Medium den ihm vom Subjekt beschriebenen Zettel berührt, bekommt das Medium Impressionen vermittelt. Das ist der erste Kontakt, der ein Eindringen in die Atmosphäre des Subjekts erlaubt.

Ich berühre zum Beispiel das Objekt, entspanne mich und warte. Habe ich Erfolg, dann springen in schneller Folge Bilder, Worte, Namen, oft ganze Sätze, manchmal auch nur vage Eindrücke in meinen Geist. Das geht ungeheuer schnell. Trotzdem kann ich diese Eindrücke absolut sicher von meinen eigenen Gedanken unterscheiden. Diese ›laufen von rechts nach links‹, jene in umgekehrter Richtung. Die Eindrücke kommen blitzartig, viel schneller und vollständiger, als mein eigener Geist sie produzieren könnte.

Tatsache ist, daß psychometrisches Vorhersagen zum überwiegenden Teil nicht korrekt ist, doch schon zwanzig Prozent richtige Voraussagen liegen über dem Durchschnitt an Wahrscheinlichkeitstreffern.

Praktisch das einzige Medium, das sich selbst eine Psychometrikerin nannte, war Florence Sternfels aus Edgewater, New Jersey, deren Tod eine Lücke auf diesem Gebiet riß, die sich nie mehr ganz wird schließen lassen. Zu dieser quicklebendigen Dame pilgerten viele tausend Menschen.

Sie verlangte einen Gegenstand, den sie in der Hand behielt, während sie die Subjekte »las«; sie konnte es sogar auch ohne einen solchen Gegenstand. War ein Raum mit Menschen angefüllt, so konnte sie jeden einzeln genau »lesen«.

Im Juli 1960 ging ich mit Florence zu Dr. S. Kahn, einem sehr angesehenen Psychiater; im Wohnzimmer des Doktors warteten schon viele Leute auf die Psychometrikerin. Florence schaute sich um, erkannte aber keines der Gesichter.

»Vor sieben oder acht Jahren«, sagte sie bestimmt, »war hier ein etwa fünfjähriges Kind, dessen Beine gelähmt waren und das dann starb. Jemand sagte: ›Ich kann das nicht länger mehr ertragen.‹ Ich denke, die Mutter ist in diesem Raum.«

Florence brauchte nicht lange auf die Antwort zu warten. Eine Mrs. Harry Davies stand auf und bestätigte, daß ihr sechsjähriger Junge von einem Auto überfahren und der Satz wörtlich genau so wie zitiert gesprochen worden war. Und das lag sieben Jahre zurück.

Psychometrisches Training

Nun, versuchen Sie's einmal, wenn Sie an Psychometrie interessiert sind. Es ist absolut ungefährlich. Noch nie wurde jemand geschädigt, wenn er einen Gegenstand in der Hand hielt und versuchte, Eindrücke psychischer Natur davon zu erhalten. Es ist wesentlich ungefährlicher als Hypnose, sogar als Tischchenrücken. Haben Sie ein latentes parapsychologisches Talent, kann es sich hier manifestieren, sicher ist das jedoch nicht, denn man kann sehr wohl nur eine Form von ASW haben.

Eines sollten Sie dabei nicht vergessen: Gelingt es Ihnen nicht sofort, so kann es ein wenig später doch noch glücken. Solche Fähigkeiten lassen sich nicht willkürlich an- oder abschalten. Versuchen Sie nicht, etwas erzwingen zu wollen, sonst erreichen Sie gar nichts. Probieren Sie's nur immer wieder, und eines Tages wird es Ihnen vielleicht gelingen. Aufgeschlossenheit ist viel wichtiger als aufgeregte Erwartung oder fanatischer Glaube. Und vielleicht gelingt es Ihnen bei zehn Leuten nicht, wohl aber beim elften Versuchsobjekt.

Schreiben Sie jeden gelungenen Versuch auf, besonders dann, wenn es um die Zukunft geht, damit Sie die vorausgesagten Ereignisse nachprüfen können. Psychometrie verlangt keine magischen Riten wie Weihrauchbrennen oder verdunkelte Räume, aber schalten Sie das Radio aus und entfernen Sie alle Störfaktoren, denn dann können Sie sich besser entspannen. Waschen Sie, nachdem Sie gelesen haben, Ihre Hände gründlich mit heißem Wasser und Seife. Das ist kein Spaß, sondern die Techniker in Strahlenlabors tun das auch, wenn sie zu arbeiten aufhören, um winzige Strahlenmengen, die störend wirken würden, auszuschalten. Das ist die einzige Vorsichtsmaßnahme, zu der ich rate, falls Sie Psychometrie regelmäßig anwenden wollen.

Auf diesem Gebiet können Sie sicher mit ASW arbeiten. Ich meine damit, daß Sie es nicht nur als Salonspielerei zu betreiben brauchen; viele Leute wollen einen Blick in die Zukunft tun, und Psychometrie als solche ist dann oft sehr wichtig, wenn man mit vielen Menschen zu tun hat.

Es ist ein erheblicher Unterschied zwischen astrologischen Vorhersagen, die viele Menschen betreffen, und Psychometrie, die sich nur mit einem einzigen befaßt, zu der ein persönlicher Kontakt besteht.

Und hier noch ein Rat, den Sie beherzigen sollten: Lassen Sie die Hände von Antiquitäten oder Gegenständen, mit denen Gewalttaten verübt wurden! Das müssen Sie besonders dann beachten, wenn Sie ein echtes Medium sind und nicht nur ab und zu psychometrisch arbeiten. Dazu ein Beispiel:

Ich brachte Ethel Johnson Meyers einen eingewickelten Gegenstand zur Psychometrie, ohne ihr zu sagen, was es war. Ich drückte ihn ihr in die Hände. Ethel tat einen Schrei und warf ihn weg. Sie war richtig verstört.

»Was ist los?« fragte ich, denn ich versuche unter allen Umständen zu vermeiden, daß ein Medium Schaden nimmt.

»Entsetzlich ...« murmelte Ethel. »Man benützt es, um Menschen zu töten ... zu erstechen ... Opfer ... Berge ... Schnee ...« Sie konnte kaum sprechen.

Ich wickelte den Gegenstand aus. Es war ein tibetanischer *Dorje*, ein Zepter, das in einen scharfen Dolch endet und zu Opferriten gebraucht wird ...

Das Ouija-Brett

Viele Menschen fragen mich auch nach dem Ouija-Brett, das in den Vereinigten Staaten nahezu ein Modeartikel geworden und etwa so häufig ist wie Tischchenrücken. Von jeher hat der Mensch einen Hang zum Okkulten gehabt, der in unserer technisierten Zeit um nichts geringer wurde. Eine spiritistische Séance kann sehr aufregend und aufschlußreich sein, und viele dabei erzielten Informationen klingen durchaus wahr.

Das Ouija-Brett gibt es erst seit den zwanziger Jahren, als nach dem Ersten Weltkrieg viele Menschen das Bedürfnis verspürten, mit ihren Toten in Verbindung zu treten. Es besteht aus einem abgerundeten, rechteckigen Holzbrett, auf dem die Buchstaben des Alphabets, die Zahlen 0 bis 9 und die Worte Ja, Nein und Vielleicht aufgezeichnet sind. Auf dieses Brett kommt ein handflächengroßer Indikator, ein dreieckiger, unten offener Holzschuh. Auf diesen Schuh legt man die Hände, aber nur ganz leicht, denn die Schwingungen sollen ja den Schuh an die entsprechenden Buchstaben oder Zahlen leiten. Auf diese Weise wird die Botschaft mühselig zusammengestellt.

Eine Abart, die Planchette, hat einen Bleistift in der Mitte des Holzschuhes, so daß man damit »automatische« Botschaften auf Papier abnehmen kann. Das Prinzip ist dasselbe.

Das Ouija-Brett wird in solchen Fällen benützt, wo man die Erfahrung einer Séance nicht mit anderen teilen kann oder will; manche Leute arbeiten damit allein, manche mit mehreren Personen; oft sind es zweimal zwei Menschen.

Das Holzbrett nimmt von den lebenden Séanceteilnehmern psychische Energie und gestattet dem, der mit dem Brett arbeitet, das Eintauchen in das eigene Unterbewußtsein, damit er Fragen beantworten und mit einem Wesen in Verbindung treten kann.

Neunzig Prozent der erzielten Verbindungen kommen direkt aus dem Unterbewußtsein eines der Séanceteilnehmer, ohne daß dieser sich dessen bewußt ist. Immer dreht es sich dabei um tote Personen, die mit einem im Raum Anwesenden bekannt waren. Manchmal sind diese Informationen in den hintersten Winkeln des Unterbewußtseins eines Séanceteilnehmers versteckt, aber wenn man unermüdlich sucht, entdeckt man in der Regel das Verbindungsglied.

Ungefähr zehn Prozent der Ergebnisse können nicht auf diese Art erklärt werden. Erhält man Informationen über jemanden, der keinem im Raum Anwesenden bewußt oder unbewußt bekannt ist, und wenn sich diese Information bei der Überprüfung als korrekt herausstellt, dann kann man, wenn man ehrlich ist, nicht gut sagen, daß das eigene Unterbewußtsein oder das eines Teilnehmers angezapft worden sei.

Mir wurde vor Jahren einmal gesagt, daß Mrs. Ethel Johnson Meyers sehr erfolgreich mit dem Brett arbeite, besonders, wenn zwei oder drei gute ›Sitzer‹ dabei seien. Ich kannte Mrs. Meyers' große mediale Fähigkeiten schon und war bereit, einen Test mitzumachen.

Die Séance fand in meiner New Yorker Wohnung statt; die beiden anderen Teilnehmer konnten dann nicht kommen, und so probierten wir beide unsere Geschicklichkeit aus. Ich bin in diesen Dingen nicht gerade geübt, und daher war ich skeptisch; ich legte aber meine beiden Hände auf den kleinen Zeiger, der die zu lesenden Buchstaben bezeichnet.

Meine Hände lagen leicht darauf, die von Ethel berührten das Brett kaum. Nach wenigen Minuten bewegte sich der Zeiger im Zickzack über das Brett, und das ging so schnell, daß ich die Sitzung von Zeit zu Zeit unterbrechen mußte, um alle Buchstaben aufzuschreiben.

Das ›psychische Telegramm‹ stellte sich als das eines amerikanischen Soldaten heraus, der angeblich im Zweiten Weltkrieg auf den Philippinen gefallen war. Name, Rang und Erkennungsnummer wurden angegeben, sogar die Adresse seiner Familie. Ich wurde beauftragt, der Familie mitzuteilen, daß es ihm ›gut‹ gehe. Das ist die übliche Botschaft jener, die nicht an ein Weiterleben nach dem körperlichen Tod glaubten und jetzt ihre Angehörigen, die auch nicht daran glauben, verständigen wollen. Ich versprach, mich mit der Familie in Verbindung zu setzen. Daraufhin brach die Mitteilung sofort ab. Ethel sah mich verwirrt an. Sie wußte selbst nicht, ob unsere Phantasie uns einen Streich gespielt habe oder ob doch etwas daran sei.

Nun, das sollte ich bald erfahren. Vom Verteidigungsministerium bekam ich keine vernünftige Auskunft, und deshalb schrieb ich einen Brief an die vom Ouija-Brett angegebene Adresse. Da hatte ich Erfolg. Diese Familie, deren Sohn als Soldat gefallen war, gab es.

Unnötig zu sagen, daß Ethel ebensowenig von einem solchen Soldaten gehört hatte wie ich. Aber wir hatten eine echte Verbindung zu einem Toten über das Ouija-Brett.

Oft sind Mitteilungen über das Brett irgendwie sinnlos. Gelegentlich scheint ein Poltergeist sein Unwesen zu treiben, oder ein nichtkörperlicher Informant hat zwar die Verbindung aufgenommen, kann sich aber nicht klar genug ausdrücken.

Ich würde davon abraten, das Ouija-Brett als Salonspiel zu betreiben. Es könnte sein, daß der Operator des Brettes – vielleicht ohne es zu wissen – medial veranlagt ist; da könnte es dann vorkommen, daß ein nichtkörperlicher Informant die Persönlichkeit des Mediums übernimmt unter Bedingungen, die eine Kontrolle nicht mehr möglich machen. Das ist ungeheuer gefährlich, viel mehr als Tischchenrücken.

Wenn eine mediale Person, die sich dessen nicht bewußt ist, die Hände auf den Indikator des Ouija-Bretts legt, wird ein elektromagnetischer Kontakt hergestellt, durch den unter Umständen eine Trance zustande kommen kann. Wenn ein Tisch zum Buchstabieren einer Botschaft benutzt wird, ist der Kontakt nicht so direkt, da ja der Tisch kippt und auf diese Weise langsam und mühselig Buchstaben nach Buchstaben markiert.

Tischchen rücken

Das Tischchenrücken ist so alt wie der Okkultismus selbst. Schon die Griechen kannten es. Im Mittelalter wurde es wie so vieles andere an unerklärlichen Kräften als Hexerei abgetan und als Schwarze Magie noch lange nachher streng verfolgt.

In der viktorianischen Zeit entdeckte man wieder die psychischen Kräfte des Menschen, und da kam das Tischchenrücken geradezu in Mode. Drei- oder vierbeinige Holztische gehörten zu jedem viktorianischen Haushalt und wurden zum Instrument nicht nur der Experimentatoren, sondern auch der Neugierigen.

Tischchenrücken ist auch heute noch ein bevorzugtes Mittel der Verständigung, aber ein ebenso zweischneidiges Schwert wie das Ouija-Brett. Der Unterschied liegt darin, daß sich das Tischchen neigt und auf den Boden die Buchstaben klopft, aus denen die Botschaft besteht. Es gibt wie beim Ouija-Brett für ›ja‹, ›nein‹ und ›vielleicht‹ vorher vereinbarte Zeichen, um die Antworten einfacher und kürzer zu machen.

Am besten ist ein leichter, drei- oder vierbeiniger Holztisch; Metall geht nicht. Zuerst muß man einen solchen Tisch »entmagnetisieren«, d.h., alle Teilnehmer legen ihre Hände darauf und atmen tief und gleichmäßig, um Kraft zu erzeugen. Dann werden die Hände gleichzeitig und schnell weggenommen. Erst jetzt ist der Tisch zum Experiment tauglich, zumindest glauben dies die Überzeugten. Die Fingerspitzen der Teilnehmer – mindestens zwei, höchstens acht oder zehn – liegen leicht am Rande des Tisches, bis er anfängt zu schwingen. Dann kommt ein Moment, wo die eine Kante kippt und der Tisch zu arbeiten anfängt. Mit den Fingerspitzen immer wieder nachgeben, nicht drücken und dem Tisch Raum geben, sollte er sich auch vorwärts oder rückwärts bewegen, was oft vorkommt. Man darf aber dabei nie vergessen, daß der Tisch eine »Verlängerung« der medialen Person ist, also in sich selbst keinerlei Kräfte oder Fähigkeiten hat. Die oft gehörten Anschuldigungen, daß die Experimenter selbst den Tisch bewegen, ist leicht zu wiederlegen: wenn der Tisch wirklich »in Schwung« ist, geht er mitunter so schnell vorwärts, daß man ihm kaum nachfolgen kann. Das haben wir auch photographiert.

Ich habe mit verschiedenen Medien selbst am Tisch gesessen und hätte es sicher bemerkt, wenn ein Betrug stattgefunden hätte. Ich kenne die Tricks der Zauberer, denn das gehört zu meinem Beruf, und ich glaube, mir schwindelt so leicht niemand etwas vor.

Vor einiger Zeit fand ein Tischchenrücken vor den Augen einiger Millionen Fernsehzuschauer statt. Anlaß waren Nachforschungen in einem Spukhaus, das der Schauspielerin June Havoc in Manhattan gehörte. Um den kleinen viktorianischen dreibeinigen Tisch saßen mein Medium Sybil Leek, Miß Havoc und ich; anwesend waren noch der Kolumnist Earl Wilson, Mrs. Wilson, ein Reporter von *Life* und zwei weitere Beobachter, die zur parapsychologischen Forschung mehr als skeptisch eingestellt waren.

Nach wenigen Augenblicken begann der Tisch zu schwanken und Buchstaben zu klopfen; als wir unseren ›Gesprächspartner‹ ermunterten, er solle uns seine Kraft beweisen, bewegte sich der Tisch von uns so schnell weg, daß wir aufspringen und ihm nachlaufen mußten, um den Kontakt unserer auf dem Tisch liegenden Hände nicht abreißen zu lassen. Jeder konnte sehen, daß unsere Fingerspitzen die Tischfläche kaum berührten, daß wir also den Tisch auch nicht manipulieren konnten.

Der ›Gesprächspartner‹ entschied sich dann offensichtlich dahin, daß Earl Wilson die skeptischste Person unter den Anwesenden war, und begann ihn zu beeindrucken. Der Tisch bewegte sich sehr schnell und sprang Mr. Wilson buchstäblich auf den Schoß! Dabei glitten unsere Hände ab und unterbrachen so den Kontakt. Der Bann war damit ebenfalls gebrochen. Vor Earl Wilson stand ein alter, dreibeiniger, unauffälliger Tisch, der wieder ganz still stand.

Mr. Wilson wischte sich die Stirn und gab zu, daß er keine vernünftige Erklärung für das wisse, was er miterlebt habe.

Natürlich kommt die Kraft zu solchen Erscheinungen von den Séanceteilnehmern, doch vorwiegend, wenn auch nicht ausschließlich, vom Medium. In diesem Fall erhöhte June Havocs eigene parapsychologische Fähigkeit das starke Talent von Sybil Leek in einem Ausmaß, das solche Manifestationen ermöglichte. Die Skepsis der Anwesenden wirkte dabei ebensowenig störend wie das sehr helle Licht.

Aber die Erklärung ist gar nicht geheimnisvoll. Die Tischplatte wirkt ähnlich wie das Ouija-Brett, und die Klopfgeräusche sind oft schon zu vernehmen, ehe sich das Tischchen bewegt. Die Energie der Séanceteilnehmer wird gesammelt und konzentriert sich in der Tischplatte, auf welcher der entkörperlichte Partner seine Gedanken ›klopft‹; oder der Tisch bewegt sich, um gewisse Gedankenrichtungen auszudrücken. Theoretisch könnte das vom lebenden Unterbewußtsein eines ›Sitzers‹ verursacht sein, doch in der Praxis stellt sich in Anwesenheit gewissenhafter Forscher meistens heraus, daß die Botschaften nicht von einer lebenden Person stammen können.

F. W. Warrick hat in seinem wichtigen Werk *Experiments in Psychics* eine ganze Reihe erstaunlicher Photos veröffentlicht, darunter Tische, die alle vier Beine in der Luft haben. Er versah aus Testgründen den unteren Tischteil mit einem Maschendrahtkäfig und die Platte mit einer schweren Kupferauflage, damit niemand den Tisch mit Händen oder Füßen manipulieren konnte. Und doch wurde der fliegende Tisch mit zwei verschiedenen Kameras einwandfrei photographiert.

Tischchenrücken beweist an sich noch keine Geistermitteilung, sondern eher Kräfte in lebenden Menschen, die Gegenstände entgegen bekannten oder konventionellen Gesetzen in Bewegung versetzen können.

6

Hypnose, Regression und Svengali

Nichts auf dem Gebiet der ASW beschäftigt den menschlichen Geist so nachhaltig wie die Hypnose, und nichts wird heftiger bestritten als sie.

Hypnose in der medizinischen Behandlung

Es ist natürlich richtig, daß z.B. Bühnenhypnotiseure viel Unfug anrichten. Hypnose ist auch kein Salonspiel, sondern – natürlich in den richtigen Händen – ein wertvolles Werkzeug der Medizin und Psychiatrie. In der Erforschung des menschlichen Geistes wird sie immer wichtiger. In der Parapsychologie und psychischen Forschung hilft sie beim ›Untergehen‹, wenn es nötig wird, um in die tieferen Schichten des menschlichen Bewußtseins vorzustoßen.

Zuerst wollen wir einmal feststellen, was Hypnose *nicht* ist. Sie ist ganz gewiß keine Alternative zu normaler medizinischer Behandlung. In Fällen, wo Drogen nicht verwendet werden können und eine bestimmte Form der Entspannung beim Patienten notwendig wird, ist sie ein nützlicher Zusatz.

Es gibt Leute, die erfolgreich hypnotisiert wurden, um die Geburtswehen oder eine schmerzhafte zahnärztliche Behandlung leichter ertragen zu können. Ich lehne zum Beispiel die gängigen Injektionen beim Zahnarzt ab, da der Nachschmerz meistens sehr erheblich ist; und mich stört auch die stundenlange Taubheit des Injektionsgebietes. Ich ziehe Autosuggestion oder Selbsthypnose vor, um mich von der Schmerzlosigkeit des Eingriffs zu überzeugen.

Als ich in die Praxis des Zahnarztes kam, entspannte ich mich etwa fünf Minuten lang und wiederholte dabei mit leiser

Stimme die ›Suggestionen‹. Der Zahnarzt war skeptisch, als er sich an die Arbeit machte. Ich fühlte einen scharfen, aber doch erträglichen Schmerz; ich wurde keineswegs ohnmächtig, sondern marschierte fünf Minuten nach dem Eingriff aus der Praxis, ohne mich unbehaglich zu fühlen. Sicher, weh getan hatte es schon, aber die Autosuggestion war auch nur sehr leicht gewesen.

Bei größeren operativen Eingriffen wirkt Hypnose nicht zufriedenstellend, aber zusätzlich zu einer lokalen Anästhesie ist eine Hypnose oft von großem Nutzen. Sie schaltet jedenfalls die Angst aus, die bei größeren Eingriffen oft ein erhebliches psychisches und damit auch physisches Problem darstellt. Ich wiederhole: Hypnose ist keine Alternative zu medizinischer Behandlung, sondern eine wertvolle Ergänzung, wenn sie vom Fachmann richtig angewendet wird.

Psychologische Erkrankungen und Fehlsteuerungen können oft mit Hypnose erfolgreich behandelt werden, wenn nicht nur die Symptome, sondern auch deren Ursachen in den Griff genommen werden. Mit Hypnose kann sich zwar ein starker Raucher nicht das Rauchen abgewöhnen, und wollte man es versuchen, ohne das persönliche Problem zu berücksichtigen, würde man nur Schaden damit anrichten, der schlimmer sein könnte als das Rauchen selbst.

Man müßte in solchen Fällen nämlich tief in die Persönlichkeit des Rauchers vordringen, um festzustellen, *weshalb* er so übermäßig viel raucht; sonst könnte eine unerwünschtere Angewohnheit an die Stelle des Rauchens treten. Hypnose kann versteckte Probleme zutage fördern und einer Lösung zuführen. Sehr oft wird dann auch die Ursache übermäßigen Rauchens beseitigt.

Sehr wichtig ist, daß kein Mensch normalerweise in Hypnose zu Dingen veranlaßt werden kann, die er im normalen Wachzustand nicht tun würde. Die wenigen Ausnahmen werden später besprochen.

Was ist Hypnose?

Was genau ist Hypnose? Wie arbeitet und wirkt sie?

Dr. Newman, ein Psychiater von der Westküste, hat einmal ›Worte als die Auslöser von Taten‹ bezeichnet. Es stimmt. Worte können alles mögliche bewirken. Ein Wort des Lobes läßt Sie härter arbeiten, schneller laufen, liebenswürdiger sein. Kritik kann genau das Gegenteil bewirken. Das Wort wirkt, ob wir daran glauben oder nicht.

Das Wort ist ein Deutlichwerden des Gedankens, der Schlüssel zu unserem Verhalten. Die Hypnose bedarf sorgfältig gewählter Worte, um den Eigenwillen des Subjekts allmählich zu reduzieren; es bedarf eines rhythmischen Sprechmusters, um das Schlafzentrum des Gehirns zu erreichen.

Durch eine genau dosierte Sprechweise wird die Entspannung des Subjekts gefördert; sie geht später in einen schlafähnlichen Zustand über, in dem das Subjekt mit seinem Bewußtsein aus der Welt um ihn herum entrückt wird. Da es ihm der Hypnotiseur gesagt hat, muß es dessen Befehlen gehorchen. Da der betreffende Mensch hypnotisiert werden will, wird er sich auch dem Hypnotiseur gerne fügen; daraus entsteht eine enge Beziehung zwischen Subjekt und Hypnotiseur.

Man bedient sich verschiedener Methoden. Manche Subjekte veranlaßt man, sich auf glänzende Dinge zu konzentrieren, um sich so schneller aus der umgebenden Welt zurückzuziehen. Man benützt auch Kerzen oder schwingende Pendel. Ich ziehe Worte vor.

Wenn ich mich davon überzeugt habe, daß mein Subjekt nicht aus Neugier zur Hypnose kommt, sondern aus einer zwingenden Notwendigkeit heraus oder aus Gründen der Forschung, soll es sich entspannen. Das geschieht am besten auf der berühmten Couch des Psychoanalytikers. Es ist für beide besser, wenn das Gewicht von den Füßen genommen wird, denn es führt zu rascherer Entspannung.

Ich ziehe gedämpftes Licht vor, das so angebracht sein muß, daß es das Hinübergleiten in den Schlaf nicht beeinträchtigt. Der Raum soll ruhig, nicht zu warm und nicht zu kalt sein. Läßt sich ein gewisser Lärm nicht ausschalten, so suggeriere ich dem Subjekt, es solle nur auf meine Stimme und nicht auf den Lärm achten. Meistens wirkt das vorzüglich.

Dann sage ich meinem Subjekt, es solle sich vorstellen, in einem Kino zu sitzen und einen Western zu sehen; dann ist das letzte Pferd über die Leinwand galoppiert, und mein Subjekt schaut die leere Fläche an. Nun sage ich, es solle ein Nikkerchen machen, weil es sich müde fühle. Es ist allein, denn ich zähle nicht, und einem Schläfchen steht nichts entgegen. Nun fühlen sich seine Arme schwer an, dann seine Beine, und schließlich der ganze Körper. Ich kann Ihnen versichern, daß man das auch tatsächlich fühlt.

Dann sage ich meinem Subjekt, ich werde jetzt bis zehn zählen, es beginne zu schlafen und werde so lange schlafen, bis ich es wieder aufwecke. Ich zähle langsam und rhythmisch – sehr wichtig! – und füge manchmal ein Wort ein wie ›ruhig‹, ›friedlich‹, ›sicher‹ oder dergleichen.

Wir alle wissen, wie einschläfernd z.B. die Monotonie der Eisenbahn wirkt, und meistens schläft also das Subjekt schon bei zehn. Wenn nicht, fange ich noch einmal zu zählen an, denn es gibt Menschen, bei denen die Bewußtseinsschwelle außerordentlich hoch ist. Bei ihnen braucht man dann etwas Geduld. Natürlich muß das Subjekt auch wirklich wollen.

Dann sage ich, daß wir zusammen einige Stufen hinabgehen. Das Subjekt sieht und hört nichts sonst und achtet nur auf meine Stimme. Ich zähle ›erste Stufe . . . zweite Stufe . . . tiefer . . . tiefer . . . dritte Stufe . . .‹ und so weiter, bis ich dann die Zahl zehn *betont rufe.* Nun muß ein gutes Subjekt an sich in den Schlaf gleiten. Ich werde dann sagen, daß wir hinabgehen zur See, hinaus aus der Welt, und es wird die See und den klaren blauen Himmel, den milden Wind und alles, was Ruhe, Frieden und Sicherheit bedeutet, sehr genießen. Dann zähle ich noch einmal wie vorher, und nun erreichen wir bei der Zehn die zweite Stufe der Hypnose. Ein normales Subjekt wird jetzt zwar schlafen, aber trotzdem mich hören und meinen Befehlen gehorchen, ohne aufzuwachen.

Man darf nicht übersehen, daß die erste Hypnose viel mehr Zeit und Geduld beansprucht als jede folgende am gleichen Subjekt, denn man muß einander ja erst kennenlernen. Eine vertrauensvolle Bindung ist für den Erfolg unerläßlich.

Viele, besonders Bühnenhypnotiseure, machen nun einen Test, der beweisen soll, daß das Subjekt tatsächlich ›unter‹ ist. Ich lehne dies grundsätzlich ab und halte solche Tests nur bei wissenschaftlichen Versuchen im Labor für gerechtfertigt:

Entweder stößt man dem Subjekt Nadeln in den Körper, oder man macht den Test steif-wie-ein-Brett, aber das ist absolut überflüssig, denn dasselbe Ergebnis kann man mit Worten erzielen.

Im zweiten Stadium der Hypnose kommt es darauf an, das Subjekt nicht zu stören und es nicht vorschnell zurückzuholen. Ich mache dann weiter und komme zum dritten Stadium, der Tiefenhypnose. Das Verfahren ist im Grund dasselbe wie vorher, aber jetzt suggeriere ich mit leiser, gleichmäßiger Stimme, daß das Subjekt weiterschlafen müsse und erst auf meinen Befehl hin erwachen darf. Trotzdem kann es all meine Fragen beantworten, ohne die Augen aufzumachen oder aufzuwachen.

Nun frage ich das Subjekt nach seinem Namen. Hier stellt sich schon heraus, ob aus irgendeinem Grund die Hypnose nicht voll zur Wirkung kam, und die Frage bringt es dann in das normale Bewußtsein zurück. Der ›Schläfer‹ wird dann sagen: ›oh, ich schlafe ja gar nicht‹, oder ›ich bin noch nicht aus‹. Und dann muß man von vorne anfangen. Man braucht Geduld. Aber wenn es ein wirklich gutes Subjekt ist, sollte es jetzt ›unter‹ sein und so bleiben.

Jetzt kann ich meine Fragen stellen. Ich flechte immer wieder eine Erinnerung ein, daß es erst auf meinen Befehl hin aufwachen dürfe. Das ist ratsam oder sogar notwendig, wenn die Fragen eine emotionelle Reaktion erwarten lassen.

Wie ich weitermache, hängt von dem ab, was gewünscht wird. Wenn mein Subjekt Hypnotherapie wünscht – um sich etwa das Rauchen abzugewöhnen –, dann suggeriere ich ihm eine zögernde Abneigung, wenn ihn das Verlangen nach einer Zigarette überkommt, oder ich sage ihm, er soll statt dessen lieber einen Schluck Wasser trinken.

Hat mein Subjekt aber mit ungelösten Problemen zu kämpfen, werde ich es darüber befragen, und sein Unterbewußtsein wird mir antworten. Auf Verlangen wird es mir seine Gedanken, Ansichten und Wünsche ohne jeden Rückhalt verraten. Erlaube ich so dem ›eingewickelten‹ Ego, sich frei auszusprechen und die hemmenden Hüllen von sich abzuwerfen, können sich auch die unterdrückten Gefühle aus ihrem Versteck wagen.

An diesem Punkt mache ich gewisse Vorschläge, um Haltung, Denk- oder Handlungsweise des Subjekts zu verbessern. Ist das Problem ein Minderwertigkeitskomplex, so werde ich ihm eine positivere Lebenshaltung suggerieren; ist es eine feindselige Einstellung, empfehle ich mehr Toleranz.

Alle Fälle sind voneinander verschieden. Ein guter Hypnotiseur wird nun keine Experimente anstellen, sondern nur bisher ungenutzte moralische Werte zu kräftigen versuchen. Sollte ich entgegen aller Erwartung auf eine psychotische, psychisch kranke Persönlichkeit stoßen, bringe ich das Subjekt ins Bewußtsein zurück; ich schlage dann eine psychiatrische Behandlung durch einen einfühlsamen Facharzt vor.

Das kommt aber selten vor, denn ich unterrichte mich vorher immer sorgfältig über die Geschichte meines Subjekts.

Im Zustand tiefer Hypnose ist natürlich auch eine ausgedehnte Forschung möglich. Man kann das Subjekt bitten, sich an einen gewissen Ort zu projizieren und dann zu erzählen, was es sieht. Das ist kontrollierte Astralprojektion oder reisendes Hellsehen. Hier dient die Hypnose praktisch nur als Steckkontakt, um das Tor des Bewußtseins weiter zu öffnen, denn die grundlegenden psychischen Fähigkeiten sind im Subjekt ja auch im Wachzustand vorhanden. Diesen Test würde ich aber nur mit medial veranlagten Persönlichkeiten unternehmen.

Hypnose nur unter Kontrolle

Nichttrainierte Personen sollten mit Hypnose vorsichtig sein; ich halte nichts davon, daß sich die Mitglieder eines Experimentierkreises gegenseitig hypnotisieren. Die Gefahr ist immer vorhanden, daß sich starke Persönlichkeiten aus der psychischen Sphäre einfinden, denen nur ein geübter Hypnotiseur gewachsen ist, und schließlich, daß die falschen Fragen an das Subjekt gerichtet werden, d.h. Fragen, die bereits Elemente der Antwort enthalten und damit kein Tatsachenbeweis sind. Es ist schon so, daß nur ein trainierter Parapsychologe mit Hypnose arbeiten soll, es sei denn, er ist ein parapsychologisch erfahrener Arzt. Wenn aber eine Person in der Gegenwart eines Hypnotiseurs zufällig in Trance gerät, so soll man sie keineswegs wachrütteln oder mit kaltem Wasser begießen, wie manche glauben. Es genügt schon, den Namen der Person einige Male auszusprechen, und das Bewußtsein stellt sich bald ein.

Gute Medien für Hypnose sind erstens die, die es *ehrlich* wollen (viele behaupten dies, ohne es wirklich zu wollen) und die dem Hypnotiseur voll und ganz Vertrauen schenken. Selbst die geringste Zurückhaltung seitens des Subjekts wird die Hypnose verhindern. Viele gute Subjekte sind emotionell aktive Menschen, Künstlernaturen, Menschen mit viel Phantasie und Einbildungsvermögen, aber auch einfache Menschen mit geradezu naivem Vertrauen darauf, daß der Hypnotiseur eine Art

Wundermensch ist. Der »mittlere« Typ des hauptsächlich rationell eingestellten, trockenen Menschen ist selten ein gutes Medium. Rein Rationales wirkt hemmend.

Regression

Ein anderes Experiment nennt man *Regression.*

Bis zum Erscheinen von Morey Bernsteins Werk *Search for Bridey Murphy* war dieser Ausdruck nur wenigen Fachleuten bekannt. Heute ist es fast ein Salonspiel, das ich sehr entschieden ablehne.

Morey Bernstein führte ein hypnotisiertes Medium Schritt für Schritt in die Kindheit, dann sogar über die Schwelle der Geburt zurück und fand eine völlig neue Persönlichkeit. Man hat natürlich Bernsteins Arbeit abgelehnt, so vor allem in einem sehr lückenhaften Bericht in *Life*, so daß man den Eindruck bekommen mußte, es sei alles ein großer Schwindel. Aber das war es, bei Gott, nicht. Ich war von der ersten Minute an dabei.

Dabei war *Bridey Murphy* gar nicht so einzigartig. Vor längerer Zeit hat ein schwedischer Arzt dasselbe getan, das heißt, er fand in verschiedenen Medien Beweise für eine frühere Existenz. Morey Bernstein schrieb nur einen Bestseller darüber, wenn auch seine Forschungen darüber nicht umfassend und vielleicht nicht sorgfältig genug waren.

Sehr interessant sind auch die Erlebnisse, die Thorwald Dethlefsen in seinem Buch *Das Leben nach dem Leben. Gespräche mit Wiedergeborenen* beschreibt.

Bei einer Regression frage ich die jeweilige Person, wie alt sie ist, wo sie lebt, lasse mir Haus, Familie und Freunde beschreiben, und dann gehe ich gradweise zurück bis zum Alter von vier oder fünf Jahren. Es ist erstaunlich, wie das durchschnittliche Subjekt die Vergangenheit neu erlebt, sich an Namen und Daten erinnert, die der bewußten Erinnerung längst entschwunden sind.

Das Lagerhaus der Informationen, das durch das Gehirn gesteuert wird, ist eine wundervolle Sache. Niemals kann etwas von dem verlorengehen, was einmal hineingelegt wurde. Es mag in einer finsteren Ecke vergammeln, aber richtiggehend vergessen wird es nie. Der Hypnotiseur kann alles aus diesen finsteren Ecken herausholen, und das Subjekt erlebt jeden Moment von neuem. Es agiert, reagiert und spricht so, als sei die Zeit JETZT, und die Menschen, mit denen es damals zusammen war, sind JETZT da.

Dies wird nicht getan, um dem Hypnotiseur einen Gefallen zu tun. Immer wieder habe ich bewiesen, daß meine Medien diese Namen und Umstände nicht kennen, solange sie bewußt in der heutigen Welt lebten; wenn ich aber nachforschte, stellte sich immer heraus, daß das Material völlig korrekt war.

Ich erinnere mich eines Falles, in dem das Medium die Namen von zwei zehnjährigen Schulkameraden nannte und sich der Spitznamen bediente. Sie wurden bestätigt. Oder lange ›vergessene‹ Straßennamen erwiesen sich als für die betreffende Zeit als richtig.

Wenn ich bei der Regression beim Alter von zwei Jahren ankomme, schlage ich einen neuen Schritt vor, den über die Schwelle der Geburt. Das ist der erregendste Moment des Experiments. Dann frage ich nach minus zwei, minus fünf Jahren und so weiter. Und immer frage ich nach den näheren Umständen, den Namen und so weiter.

In einigen Fällen hatte ich plötzlich eine ganz andere Persönlichkeit vor mir. Zu ihnen gehörte Jeane Williams, ein Chormädchen. Sie war sehr intelligent und lebensklug, wenn sie auch im dritten Jahr der High School ihre schulische Erziehung beendet hatte; sie war sehr an okkulten Dingen interessiert, mehr aus unbewußter Neugier denn aus formalen Gründen.

Als sie die Geburtsschwelle überschritt, wurde sie ein

Mädchen aus Ostindien. Sie beschrieb das Haus, in dem sie gelebt hatte, in allen Einzelheiten und bediente sich auch einiger Worte, die sich als Hindu herausstellten. Jeane war nie im Ausland gewesen und hatte auch kein besonderes Sprachentalent, so daß man nicht sagen konnte, sie habe diese Worte etwa aus Büchern oder auf Reisen aufgeschnappt.

Auch Sybil Leek, die mir oft als Trancemedium in Spukhäusern gedient hatte, wurde von mir über die Geburtsschwelle gebracht. Wir fanden eine Persönlichkeit, die im England des achtzehnten Jahrhunderts lebte, und den angegebenen Namen konnten wir aufspüren. Und merkwürdig – oder vielleicht auch nicht –, diese frühere Person starb deshalb, weil sie der Hexerei beschuldigt worden war.

Nun, man könnte in diesem Fall einwenden, Sybil sei selbst auf diesem Gebiet tätig und habe etwa die Persönlichkeit erfunden, um dem Hypnotiseur eine Freude zu bereiten. Aber der Name ist authentisch. Und wir haben auch keinen Beweis dafür, daß es nicht auch umgekehrt gehen kann, daß also die frühere Persönlichkeit ein Faktor ist, der sich im Interesse am Okkulten der jetzigen Persönlichkeit dokumentiert.

Die Frage der Reinkarnation wird später ausführlich behandelt. Hier haben wir nur eine Alternativerklärung für einen bestätigten Fall wie Bridey Murphy: Wenn es nicht Reinkarnation ist, dann kann es nur *Rückwissen* sein im Gegensatz zum Vorauswissen. Das heißt, daß eine Person in der Lage ist, in allen Einzelheiten Ereignisse, Leute oder Orte aus der Vergangenheit – der näheren oder ferneren – zu beschreiben, ohne Zugang zu Informationen über Zeit, Ort und Menschen zu haben. Jedenfalls haben wir es hier mit ASW zu tun.

Svengali und Trilby

Svengali und Trilby sind klassische Literaturbeispiele von einer Beziehung, die an Hypnose grenzt. Der Zauber des Meisters läßt den Schüler Dinge tun, die er normalerweise gar nicht tun könnte. Verborgene Fähigkeiten des Mediums werden ans Licht gebracht, ein Teil der Persönlichkeit des Meisters geht in die des Schülers über, und das Ergebnis ist eine Brillanz des Trilby-Teiles des Teams, die so lange anhält, wie die beiden zusammen sind. Einer ohne den anderen ist nichts.

In geringem Grad besteht eine solche Beziehung zwischen jedem starken Lehrer und willigen Schüler. Ausgeprägt tritt diese Beziehung in der Welt der Kunst auf, besonders in der Musik, wo sich Gefühle leicht übersteigern. Einfluß auf andere Menschen haben, das war schon immer ein Wunschtraum. Jeder Fernseh- oder Radiowerbespot ist ein Versuch dazu, und meistens sind diese teuren Versuche auch erfolgreich.

Massen zu beeinflussen ist natürlich schwieriger. Gewisse Schlüsselworte, Slogans, Stimmlagen und -färbungen, emotionelle Umstände und dergleichen sind ähnlich wirksam wie des Hypnotiseurs ›erste Stufe . . . zweite Stufe . . .‹, nur vor einem größeren Publikum. Jeder tüchtige Verkäufer ist ein kleiner Hypnotiseur, wenn es auch die meisten nicht wissen. Der Kunde macht einen Einkauf, ist überzeugt, es sei seine eigene Idee, aber sie wurde ihm von irgendeinem Werbemann eingegeben.

Und das ist es, was das Rad der Wirtschaft zum Drehen bringt . . . Jeder ›hypnotisiert‹ irgend jemanden!

Es kann natürlich sein, daß eine gefühlsbetonte, lenkbare Person, die einen Herrschergeist braucht, einer starken, positiven Persönlichkeit verfällt. Ich kenne aber nicht einen Fall, daß das ›Opfer‹ nicht – bewußt oder unbewußt – den Wunsch danach gehabt hätte.

7

Reinkarnation und das Gefühl, ›das habe ich doch schon gesehen‹

Kürzlich hielt ich einen Vortrag in der Theosophischen Gesellschaft von St. Louis, und da fragte mich deren Präsident, ob ich an Reinkarnation glaube. Die Idee der Theosophie ist die feste Überzeugung, daß Reinkarnation eine Tatsache ist, daß unser Leben vom *Karma* bestimmt wird und daß der Mensch durch viele Inkarnationen geht. Theosophie ist die praktische Philosophie der Madame Blavatzky, der Lehrerin des neunzehnten Jahrhunderts. Die Theosophie hat in allen zivilisierten Ländern heute ihre Anhänger und ist eine moralische Kraft, die das Gute im Menschen anspricht.

Nun, ich mußte diese Frage beantworten und sagte wie immer dann, wenn mir die Frage des Glaubens gestellt wird, daß ich an gar nichts glaube, weil der Glaube unkritisch und eine gefühlsbeladene Annahme eines Standpunktes sei, ohne daß ein ausreichender, objektiver und wissenschaftlicher Beweis seine Gültigkeit bestätige.

Ich glaube an nichts, aber ich akzeptiere Tatsachen über die Reinkarnation, wenn sie bestätigt werden können. Tief in mir habe ich das Gefühl, Reinkarnation sei die vernünftigste Lebensphilosophie, und ich würde gerne zu jenen gehören, die eines Tages der Welt ihre Gültigkeit beweisen. Es gibt bessere Kenner dieses Gegenstandes, als ich es bin. An der Universität Virginia, in Charlottesville, arbeitet Professor Ian Stevenson an diesem Thema, und die Ergebnisse seiner Forschungen in Indien, die er im Namen der Parapsychology Foundation betrieb, waren erregend und außerordentlich aufschlußreich. Dr. Stevenson ist Leiter der Psychiatrie an der Universitätsklinik.

Kürzlich veröffentlichte ich die Ergebnisse meiner eigenen jahrelangen Studien über Reinkarnation unter dem Titel »Patterns of Destiny«.

Reinkarnation und Religion

Viele orientalische Religionen haben in ihre Dogmen dasjenige von der Reinkarnation aufgenommen. Auch in der christlichen Lehre gibt es Stellen, die auf eine Reinkarnation hindeuten, und die Frage, ob Jesus die Reinkarnation des Propheten Elias und dieser wiederum der auf die Erde zurückgekehrte Moses sein könnte, wurde und wird auch heute noch gestellt.

In Tibet ist der Dalai Lama immer die Wiedergeburt des Vorgängers, und die Priester haben es oft nicht leicht, wenn sie das Kind ausfindig machen müssen, das der Dalai Lama für seine Wiedergeburt gewählt hat. Vielleicht leitet der Dahingeschiedene selbst die Suche, wenn das auch bedeuten würde, daß er schließlich doch nicht wiedergeboren wurde, aber jedenfalls weisen untrügliche, wenn auch sehr delikate Zeichen den Weg. Sie finden immer einen jungen Nachfolger, den sie für das Amt des Hohenpriesters erziehen.

Bei afrikanischen Stämmen spielt die Wiedergeburt eine große Rolle, und in Haiti schlägt sie sich im Voodoo-Kult nieder, der eine sehr volkstümliche Auffassung, besser gesagt: eine Mißdeutung dieser Idee ist.

In Amerika habe ich zwei ernst zu nehmende Richtungen gefunden. Die eine fordert eine wissenschaftliche Grundlage und einwandfreie Beweise, und ich bin der Meinung, das ist die einzig richtige Einstellung zu diesem Thema.

Die andere Richtung ist allerdings viel populärer. Sie ist das unkritische Schweben in Phantasiewelten, die vielleicht einmal existiert haben, denn ich kann nicht beweisen, daß es sie nicht gab; allerdings können auch die Gläubigen nicht beweisen, daß es sie gegeben haben muß.

Es ist die Praxis der Lebens-›Lesung‹ mit gewissen Medien für all jene, die den Preis für die ›Forschungen‹ bezahlen wollen. Ich respektiere vielleicht die des bekannten Edgar Caye, den ich in mancher Beziehung als gewissenhaftes, ehrliches und überragendes Medium kenne, und nur deshalb glaube ich, daß man seine Ergebnisse studieren sollte.

Aber die anderen nehme ich nicht ernst. Man war einmal ein hohes Tier in Ägypten oder einem anderen antiken Land, nur niemals und unter keinen Umständen ein armer Teufel, Sklave oder kleiner Bauer. Man gehörte zu Kleopatras Gefolge, und man hat seinen jetzigen Ehepartner nur deshalb gewählt, weil er einem schon in einem früheren Leben gehört hat. Das kann durchaus richtig sein, nur beweisen läßt es sich eben nicht. Man müßte ja Zugang zu sämtlichen Bibliotheken der Antike haben. Wenn man uns wenigstens nachprüfbare Namen und Daten gäbe!

Beweise für die Reinkarnation

Ich bin kein Gegner der Versuche, Beweise für die Reinkarnation zu finden; ich bin sogar dafür, sich um sie ausdrücklich zu bemühen. Ich verabscheue unbewiesene Informationen, mit denen leicht beeinflußbare Menschen an der Nase herumgeführt werden, und die sonnen sich dann im Luxus einer uralten Tradition, ohne sie beweisen zu können.

Ein *bestätigter* Fall wurde von der Nachrichtenagentur Reuter am 11. April 1966 bekanntgegeben.

Der indische ASW-Experte Hemendra Banerjee, 38, Direktor des Parapsychologischen Instituts in Rajasthan, der sich seit mehr als zwölf Jahren mit der Theorie der Wiedergeburt befaßt, traf zwei kleine Zwillingsschwestern, deren Eltern glauben, daß sie von den Toten zurückgekehrt seien.

Jennifer und Gillian Pollock sind nach der Überzeugung ihrer Eltern die Reinkarnationen ihrer beiden früheren Kinder Jacqueline, 6, und Joanne, 11, die vor acht Jahren bei einem Verkehrsunfall ums Leben kamen. Die beiden Mädchen tragen Narben und Muttermale genau an den gleichen Stellen wie die verstorbenen Kinder. Die Eltern behaupten, sie hätten gehört, wie ihre Zwillinge über Einzelheiten des tödlichen Unfalls sprachen, der geschah, ehe sie geboren wurden.

Ihre Handschriften und die Art, wie sie sprechen und sich verhalten, entsprechen genau denen der toten Kinder, wie die Eltern Pollock sagen.

Aus dem gleichen Land stammt die erstaunliche Geschichte von einem Jungen, der die Erinnerungen eines Mannes hat, der im Dorf Itarnie gelebt hatte und gestorben war. Der Junge war vorher noch nie in diesem Dorf gewesen; er erkannte die Angehörigen des Mannes, der an einem Fieber im Jahr 1951 dort gestorben war, führte die Forscher zu seinem früheren Heim und bewies auch sonst, daß er jener Mann war.

Man wollte schließlich einen endgültigen Beweis und brachte den Jungen zur Witwe des Toten. Wer sollte den Mann – im Körper eines kleinen Jungen wiedergeboren – erkennen, wenn nicht die eigene Frau?

Munesh, der Junge, schilderte auf Befragen Einzelheiten, die nur die Witwe kennen konnte, vor allem aus dem ehelichen Leben, was in Indien zwischen Eheleuten ein streng gehütetes Geheimnis bleibt. Das überzeugte die Witwe.

Diese bestätigten und deshalb glaubhaften Fälle sind selten. Das Material über Reinkarnation ist auch nicht so spektakulär wie zum Beispiel eine Geistererscheinung. Dieselbe Einstellung habe ich zum Thema UFOs. Läßt sich in neunzig Prozent aller Fälle eine normale Erklärung finden, in den restlichen zehn jedoch nicht, so sind diese zehn Prozent bei weitem zuviel, als daß man diese Frage zu den Akten legen dürfte. Gibt es nur eine Handvoll bewiesener Fälle von Reinkarnation, für die keine andere Erklärung gefunden werden kann, so haben wir eben Fälle für die Wissenschaft.

Bestätigte Fälle von Wiedergeburt werden nicht nur aus Indien, sondern auch aus England gemeldet. Ein Kind erinnert sich zum Beispiel sehr lebhaft daran, daß es erfroren sei, als es mit seinem Vater in einer Hütte auf dem Land war. Das Kind konnte nicht wissen, daß dies tatsächlich auf die geschilderte Art geschehen war. Zudem zeigte das Kind keine Spur einer Trance, ist aufgeweckt und normal; nur besteht es darauf, daß es wiedergeboren wurde und eine andere Person ist.

Ein weiterer klassischer Fall aus Indien berichtet von einem jungen Mädchen, das fast im gleichen Augenblick geboren wurde, als in Spanien, wie sich später herausstellte, eine Putzfrau starb. Als das Kind sprechen lernte, bestand es darauf, es sei eine Putzfrau aus Spanien; es gab Namen und Ort an, die sich bei der Nachprüfung als richtig erwiesen. Im herkömmlichen Sinn wurde dieses Kind nie normal, sondern setzte das Leben mit den Erinnerungen dieser Putzfrau aus Spanien fort!

Manchmal sind die Erinnerungen aus dem früheren Leben nicht so klar, aber nach der östlichen Philosophie ist das auch nicht nötig oder zu erwarten. Die Seele, sagt man, gehe von einer Inkarnation zur anderen, bis sie einen befriedigenden Bewußtseinszustand erreicht habe, der eine weitere körperliche Existenz nicht mehr nötig mache. In jeder Inkarnation werde die Seele bestimmten Prüfungen unterworfen, um festzustellen, ob sie auf der Leiter der Entwicklung auf- oder absteige. Wissenschaftlich erwiesen ist die Lehre von der Reinkarnation nicht, aber es läßt sich auch nicht beweisen, daß sie falsch wäre.

Die Erinnerungen einer Inkarnation werden, wie man sagt, vor Beginn der nächsten Körperreise gelöscht. Es gibt natürlich Fälle, wo das nicht oder nicht vollständig geschieht. An sich ist die Natur perfekt, aber es gibt doch immer wieder Abweichungen von der Norm.

Reinkarnation oder Phantasie?

Man muß genau unterscheiden zwischen Wunschträumen und Phantasien – etwa ein viel angenehmeres oder höherstehendes

Leben früher gelebt zu haben – und wirklichen Erinnerungseindrücken, die zwar meist unvollkommen, aber oft sehr eindrucksvoll sind. Man kann sich im Zweifelsfalle selbst prüfen: Hat man Kenntnisse über ein bestimmtes Land, Gebiet, Zeitalter, über eine bestimmte nachweisbare Persönlichkeit, die man unter gewöhnlichen Umständen nicht haben kann? Erstens müssen solche »Gefühle« genau notiert werden, da sie ja meist unerwartet im Bewußtsein auftauchen. Zweitens muß man sie, falls sie wirklich nachgehbare Daten enthalten, genau ins Auge fassen, ob diese Daten nicht vielleicht doch auf anderem Weg, also nicht durch Reinkarnation, ins Bewußtsein gelangt sein können. Erst dann, wenn alle anderen Erklärungen ausgeschaltet sind, kann man die Reinkarnation als bewiesen annehmen. Freilich darf man bei solch einer Selbstuntersuchung weder zu gläubig noch zu kritisch-tendenziös sein, sondern eben einen vernünftigen Mittelweg einschlagen, ohne Vorurteile, ohne Belastungen seitens eingefleischter wissenschaftlicher oder religiöser Konzepte. Nur dann hat man eine Möglichkeit, seiner eigenen Reinkarnation näherzukommen.

Alle mir bekannten echten Fälle von Reinkarnationserinnerungen kamen *spontan* dem Subjekt zu Bewußtsein. Danach via Hypnose direkt zu suchen, ist m.E. wenig erfolgversprechend. Hypnose hilft dann, wenn schon Erinnerungen da sind, diese zu erweitern oder zu vertiefen. Man kann natürlich regelmäßig geplante Meditationsperioden dazu benutzen, etwaige Reinkarnationsbilder heraufzubeschwören. Am besten geschieht das am Ende des Nachmittags oder spätabends, wenn der Alltag etwas zurücktritt und die Bande zwischen Körper und Seele schwächer sind als untertags. Keinesfalls darf man nach bestimmten, sich vorschwebenden Situationen *suchen,* denn die Möglichkeit der Selbstsuggestion ist immer vorhanden. Nur das, was spontan »heraufkommt«, ist zu verwerten.

Das romantische »Gefühl«, am Hofe Kleopatras geweilt zu haben, ist kein Grund zum Nachforschen via Hypnose.

»Das habe ich doch schon gesehen . . .?«

Sehr viel mehr bewiesene Erlebnisse gibt es beim *déjà vu*. Das ist das etwas unheimliche Gefühl, an einem bestimmten Ort schon gewesen zu sein, einen bestimmten Menschen schon gesehen zu haben, ohne zu wissen, wo und wann.

Es gibt kaum einen Menschen, der dieses Gefühl noch nie gehabt hätte. Die orthodoxe Psychiatrie erklärt das damit, daß sich einmal eine falsche Erinnerungstür geöffnet habe, daß wir also vermutlich einen falschen Knopf gedrückt haben müssen, den des ›ich habe ihn schon gesehen‹ statt den des ›den kenne ich nicht‹. Eine weitere Erklärung gibt uns aber die Psychiatrie nicht.

Ich glaube eher, da die Reaktion sehr spontan erfolgt, daß eine von dem Fremden ausgehende Strahlung an etwas aus unserer unbekannten Vergangenheit rührt.

Es gibt aber viele berichtete und bestätigte Fälle, in denen eine Person plötzlich in ihrem bewußten Leben eine Szene sieht und hört, die sie schon einmal erlebt hatte, wie sie in diesem Moment weiß. In diesen Fällen liefern die Parapsychologen eine Alternativverklärung zur Reinkarnation. Sie glauben, das Subjekt habe entweder im Traum- oder im Wachzustand ein vorauswissendes Erlebnis gehabt, aber das sei so schnell abgelaufen, daß es sofort wieder vergessen wurde. Als sich das Erlebnis dann in der Wirklichkeit wiederholte, habe es sich daran erinnert, es schon einmal im Ablauf gesehen zu haben.

Wir können das nicht nachprüfen, denn das Subjekt hat vergessen, dieses vorauswissende Erlebnis niederzuschreiben oder einem zuverlässigen Freund zu berichten. Das ist natürlich. Es gab ja nicht darauf acht, als es – und falls es – passierte.

Diese hier angeführte Erklärung des déjà vu mag in einigen Fällen richtig sein, ist es in anderen jedoch ganz gewiß nicht. So hat zum Beispiel im Zweiten Weltkrieg ein amerikanischer Soldat ein belgisches Dorf betreten, das er so gut kannte, daß er seine Kameraden sogar ohne Umwege zu einem ganz bestimmten Gasthaus führen konnte, in dem er, wie er instinktiv wußte, einmal gelebt hatte.

Ging er nur eine falsche Erinnerungsstraße entlang? Erinnerte er sich eines Erlebnisses des Vorwissens? Ich finde die andere Erklärung vernünftiger, und wenn wir auch noch nicht wissen, wie das System arbeitet, so läßt sich ein System doch nicht leugnen. Eines Tages werden wir es verstehen. Die Wiederverkörperung enthält den Sinn unseres Übens.

Barry Bingham, Herausgeber der *Louisville Courier-Journal & Times*, ist seit langem an parapsychologischen Fragen äußerst interessiert. In der Ausgabe seiner Zeitung vom 1. September 1963 schildert er ein eigenes Erlebnis wie folgt:

»Während einiger Monate hatte ich einen häufig sich wiederholenden Traum; ich näherte mich einem sehr schönen, großen Gebäude, das auf einer weiten Rasenfläche stand, die ganze Szene war in heiteres Licht eines klaren Morgens nach einer Regennacht getaucht.

Irgendwie wußte ich, daß die Erde gerade eine große Katastrophe hinter sich hatte, und die Menschen, mit denen ich zusammentreffen sollte, waren die einzigen Überlebenden der menschlichen Rasse. Ich kannte sie nicht; sie waren nicht traurig oder bedrückt, sondern im Zustand einer stummen Ekstase, als sie sich dem majestätischen Gebäude näherten.

Und dann stand ich eines Tages vor der wundervollen Kathedrale von Salisbury in England. Ich wagte kaum zu atmen, denn diese alte Kirche auf dem herrlichen Rasenplatz war das Gebäude meiner Träume. Ich kannte die Linie der zum Himmel strebenden Türme, die Schnitzereien an den Türen, sogar die Steine unter meinen Füßen. Mir war, als habe ich viele Jahre lang hier gelebt. Und als ich fast benommen vor ehrfürchtigem Staunen in die Kirche taumelte, sah ich vor mir das Relief von Robert Bingham, eines frühen Vorfahren meiner Familie, von dem ich schon einiges gelesen hatte.

Er war siebzehn Jahre lang Bischof dieser Kathedrale gewesen, und er kannte sie so gut wie seine Handfläche. Aber Bischof Bingham war im Jahr 1246 gestorben. Seit mehr als sieben Jahrhunderten ruhte er nun in seiner Gruft . . .«

Dieser Fall ist besonders interessant. War Barry Bingham tatsächlich oder vielleicht sein eigener Vorfahre? Oder war es eine psychische Verbindung zu ihm?

Ich war im Sommer 1966 selbst in dieser Kathedrale, weil es einem Mann gelungen zu sein schien, so etwas wie eine Geistererscheinung zu photographieren. Da ich keine Bindungen zu dieser Kirche habe, fühlte ich auch nichts Ungewöhnliches, aber ich war dann im schottischen Hochland und wußte, daß ich dort gelebt hatte. Tatsachen dafür hatte ich nicht, nur das Wissen. Eines Tages werde ich mehr erfahren . . .

So geht es manchmal mit dem Gefühl des *déjà vu.* Eine Tür öffnet sich kurz und schließt sich wieder. Dieses Thema ist so ungeheuer interessant, daß ich jeden mir bekannt werdenden Fall von zuverlässigen Leuten verfolge. Vielleicht finden wir eines Tages das heute noch fehlende Glied.

8

Der Stoff, aus dem die Träume sind

Ich werde oft gefragt, ob Träume irgendeine Bedeutung hätten. Die Frage ist etwa so wie jene: Hat die Nahrung irgendwelchen Wert? Die Antwort hängt doch von der Art der Nahrung und der Träume ab.

Schon Shakespeare spricht ›vom Stoff, aus dem die Träume sind‹, aber die Natur des Traumes erfaßte er nicht. Die moderne Psychiatrie ist überzeugt, daß hier der unbewußte Geist handelt, und die Mystik des Ostens ist gleichermaßen sicher, daß Träume prophetischer Natur sind und daher symbolisch interpretiert werden müssen.

In beiden Theorien liegt ein bißchen Wahrheit. Es ist deshalb schwierig, den Traum wissenschaftlich zu erklären, weil er kein Erlebnis in sich selbst ist. Ein Spaziergang hängt in seiner Bedeutung in hohem Maß vom Spaziergänger ab, von seinem Ziel und von der Art seines Spazierengehens; der Traum ist ein Zustand unter ähnlichen Bedingungen.

Es gibt viele Traumsituationen:

1. Träume, die von körperlichen Bedingungen ausgelöst werden (Alpträume, Angstträume und dergleichen),

2. Träume prophetischer Natur (hellsichtige, Warnträume, Prophezeiungen und so weiter),

3. Träume, in denen sich der Träumer an seltsamen Orten befindet unter Menschen, die er kennt oder auch nicht kennt, die aber in einiger Entfernung von ihm sind (Astralprojektion),

4. psychoanalytische Träume (Symbole des Unterbewußtseins).

Prüfen wir diese Kategorien nach, so wird uns klar, daß der Traumzustand eine beweglichere Bewußtseinsform ist als der Wachzustand. Die Grenzen des Raum-Zeit-Kontinuums des Wachzustandes bedeuten im Traum nichts, denn der Körper ist zeitweise aus dem Erlebnis ausgeschlossen. Da der ›ätherische‹ Leib auf der Gedankenebene erlebt, die keine Zeit- und Raumbarrieren kennt, ist das Erlebnis viel unmittelbarer und stärker.

Zu 1. Der Mensch, der sich überißt, hat selbstverständlich Alpträume. Die Angst bestätigt die Mißfunktion des biochemischen Körpersystems, und der Druck erzeugt ein falsches Traumbild. Krankheit und hohes Fieber führen zu ähnlichen Resultaten.

Zu 2. Es hat sich herausgestellt, daß fast jeder Mensch träumt, sich aber bei weitem nicht jeder an die Träume erinnert. Vorahnungen sind nicht selten. Hellseherische Träume sind zu Tausenden in den Unterlagen der Forschungsstellen bestätigt. Daß man ein künftiges Ereignis vorauserlebt, heißt aber doch, daß die Zukunft schon irgendwo entlang des Zeitstromes wartet. Was sollen wir da vom freien Willen halten? Ich bin überzeugt, daß Ereignisse stationär sind und wir uns ihnen entgegenbewegen. Deshalb gibt es auch keine feine Demarkationslinie zwischen der Gegenwart und der Zukunft.

Zu 3. Man erinnert sich oft sehr genau an Träume, in denen man reist; sie scheinen auch weniger verwirrt und unlogisch zu sein wie die von 1) und 2). In diesen Träumen ist der Träumer überzeugt, wirklich dort zu sein und nicht zu träumen; er spricht mit Fremden oder Freunden, und in vielen Fällen wurde der Traumbesuch sogar von den Traum-Gesprächspartnern bestätigt. Sie verschwinden jedoch leicht, wenn sie angesprochen werden, einfach in der Luft, lösen sich auf.

Ich kenne einen Mann, der träumte, er sei in einem türkischen Bad, wo ihn der Bademeister nach seinen Papieren fragte. Da er keine hatte, verlangte der Bademeister, er solle gehen. Sofort fand er sich in seinem eigenen Bett wieder. Am folgenden Tag nahm ihn zufällig ein Freund mit in ein türkisches Bad, in das seines Traumes. Und da stand der Bademeister, mit dem er im Traum gestritten hatte. Als der Bademeister ihn sah, drang er zornig auf ihn ein und verlangte wieder die Ausweise. Und außerdem wollte er wissen, wieso er sich plötzlich unter seiner Nase in Luft aufgelöst habe!

Was geschieht in solchen Träumen? Die Verbindung mit dem physischen und dem Astralleib, welcher der Sitz der Persönlichkeit ist, muß irgendwie geschwächt sein. Die Persönlichkeit wandert, ist sich ihrer bewußt, nur nicht der Abwesenheit vom Körper. In diesem Zustand bedeutet eine Entfernung nichts. Sie kann im Nu überbrückt werden, egal, wie groß sie ist. Etwa dasselbe kommt vor, wenn im Augenblick des Todes diese Bande zerschnitten werden und trauernde oder sogar unwissende Angehörige die Erscheinung des Toten sehen. Es gibt viele bestätigte Fälle.

Der Träumer kann seine Bewegungen fast völlig kontrollieren, da sein logischer Geist während der Projektion einwandfrei funktioniert. Ich sage ›fast‹, denn es bedarf großer Disziplin, die Gedanken zu kontrollieren, die eine Persönlichkeit über den ganzen Globus – auf Wunsch und im Moment des Wunsches – tragen können. *Denkt* der Träumer, er wolle in sein Bett zurückkehren, findet er sich auch dort.

Manche Menschen haben vor dem Aufwachen das starke Gefühl, aus großer Höhe zu fallen. Das ist ein unvermittelter, sehr ausgeprägter Schritt ›hinab‹, bei dem die körperlichen Vibrationen von der dünneren und viel schnelleren ›ätherischen‹ Ebene in die dichtere, langsamere körperliche eintauchen. Die Wirkung ist die einer Vollbremsung aus hoher Geschwindigkeit heraus.

Zu 4. Für den Psychoanalytiker sind alle Träume von symbolischer und analytischer Bedeutung. Freud sagte, alle Träume seien sexuell motiviert. Jung und seine Schüler dachten anders.

Schon früh in seiner Laufbahn distanzierte sich Carl Jung von Freuds Auslegungen psychischer Träume. Da Jung selbst medial veranlagt war, verstand er diese besser als Freud, versuchte auch lange, Freud von der Wirklichkeit der ASW-Phänomene zu überzeugen. Erst in den letzten Jahren seines Lebens gab Freud zu, daß es mit der Parapsychologie doch etwas auf sich habe. Er schrieb sogar, daß er sich selbst dieser Wissenschaft widmen würde, finge er noch mal an!

Für Jung gab es eine Kategorie Träume, in denen der Träumende bloß der Empfänger von übersinnlichem Material ist. Meist hat dieses Material mit der Persönlichkeit des Träumenden gar nichts zu tun, er ist sozusagen bloß der Übermittler der Botschaft. Wie unterscheidet man aber »echte« psychische Träume von analytisch verwertbaren?

ASW oder Traum?

Von den oben genannten vier Gruppen von Träumen fallen nur die zweite und dritte unter die ASW.

Auf der einen Seite stehen die meisten orthodox eingestellten Psychiater und Psychoanalytiker, die mit ASW nichts zu schaffen haben wollen, da dies ja ihre Arbeit sozusagen kompliziert; auf der anderen Seite stehen Wahrsager und »Traumbücher«, die oft ganz phantastische Interpretationen für Träume offerieren. Es gibt leider Millionen Menschen, die diese oft willkürlich oder höchstens durch Überlieferung gefestigten Erklärungen von Traumszenen sogleich als Basis für Traumdeutungen verwenden. Psychischer Symbolismus existiert schon, aber nicht so, wie es sich die »Babylonischen« Traumbücher vorstellen!

Ein wirklich analytischer Traum liegt vor, wenn der Träumende Dinge tut, die er im wirklichen Leben nicht tun kann, und Probleme löst, die sich in seinem Wachzustand nicht lösen lassen, teils aus äußeren Gründen, teils, weil eine mentale oder emotionelle Blockierung vorliegt. In diesen Träumen bewegt sich alles um den Träumenden, während er in den anderen Kategorien eher Beobachter oder Besucher bleibt.

Von jeher gab es Religionen, in denen Gott oder die Götter sich angeblich in Träumen manifestierten und Befehle erteilten, die den Schläfer im Wachzustand und bei prosaischem Tageslicht nicht erreichen konnten. Die Bibel ist voll von solchen Berichten über Moses und die Propheten.

9

ASW außerhalb der fünf Sinne

Wenn wir unsere fünf Sinne für etwas benützen, das über die normale Anwendung hinausgeht, so tun wir etwas *Paranormales.* Zumindest nach *derzeitigen* Begriffen.

So berühren wir in der Psychometrie einen Gegenstand und wir fangen Informationen auf, die uns dieser Gegenstand normalerweise nicht gibt. Auf einer ähnlichen Ebene liegt das *Lesen mit den Fingern.*

Lesen mit den Fingern

Die 22jährige Russin Rosa Kuleschowa läßt nur ihre Finger über einen Zeitungstext gleiten und ›liest‹ ihn so. Wenn sie undurchsichtiges Papier berührt, in das farbiges Papier gewickelt ist, kann sie den Farbton des eingewickelten Papieres benennen. Der bekannte russische Okkultist Professor Yefim Rabkin hat Rosa Kuleschowa gründlich durchgetestet und erstaunliche Ergebnisse erzielt. Es gibt weitere ähnliche Fälle; zwei sind namentlich bekannt, die damals neunjährige Lena Bliznowa, ein Schulmädchen aus Charkow, und die 37jährige Nina Kulagina aus Leningrad.

In Amerika hat der Wissenschaftler Dr. Richard P. Youtz, Psychologieprofessor im Barnard College, ähnliche Lese- und Farbtests mit Mrs. Patricia Stanley aus Flint, Michigan, gemacht. Sie erkennt Farben mit den Fingern.

Die meisten Wissenschaftler sind sich darüber einig, daß jede Farbe eine bestimmte Strahlung aussendet; es ist also nicht übermäßig erstaunlich, daß Menschen, die sehr sensitiv auf Strahlungen reagieren, sie auffangen und richtig auslegen können. Allgemein bekannt ist auch, daß Menschen, die einen Sinn eingebüßt haben, einen oder alle anderen überdurchschnittlich entwickeln. Blinde haben meistens ein überaus scharfes Gehör oder einen ganz ausgeprägten Tastsinn.

Eine solche Ersatzentwicklung nimmt natürlich Jahre in Anspruch. Ein Arzt aus Thailand hat sich sogar der Hypnose bedient, um Blinde mit ihren inneren Augen sehen zu lehren.

Sehen mit Körperteilen

Dr. Vichit Sukhakarn aus Bangkok hat festgestellt, daß bestimmte Zonen des Kopfes besonders lichtempfindlich sind, wenn dem Subjekt hypnotisch aufgegeben wurde, Sichtimpressionen zu empfangen. Unter seiner Leitung ist inzwischen ein Übungszentrum für blinde Kinder entstanden. Er hat entdeckt, daß besonders die linke Wange für Lichtstrahlen empfänglich ist, und so lehrt er seine Schüler, damit zu ›sehen‹. Auf die Art hat er vielen sonst hoffnungslos blinden Leuten wieder Zugang zur Welt des Sichtbaren verschafft.

Im allgemeinen sind ASW viel intensiver, wenn sensorische Stimuli ausgeschaltet werden können. Das tut zum Beispiel der Yogi in der Meditation. Das ist auch die Idee der sogenannten ›Hexenwiege‹, die seit Jahrhunderten von Möchtegern-Hexen gebraucht wird. Sie ist nichts anderes als eine Art Zwangsjacke, die jede Bewegung verhindert, auch Sehen und Hören, so daß ein Zustand äußerster Ruhe geschaffen wird, in dem sich die inneren Kräfte frei entfalten können.

Es gibt auch Sehende, die zusätzlicher okularer Visionen fähig sind. »Lady Rhoda« Koren fuhr mit mehrfach absolut sicher verbundenen Augen, die sie hinter einer Sonnenbrille »versteckte«, ihr Auto durch den dichtesten Verkehr Ottawas. Als sie an einer roten Ampel halten mußte, kam eine Frau herbeigelaufen und beschimpfte sie, weil sie die Tasche der Dame gestreift habe. Sie erhielt eine Polizeistrafe für rücksichtsloses

Fahren, aber niemand hat bemerkt, daß sie mit verbundenen Augen gefahren war.

Lady Rhoda erklärte, sie könne auf diese Art nur mit geschlossenen Augen sehen; mache sie die Augen wieder auf, sei die ›Röntgenstrahlenvision‹ verschwunden. Das scheint meine Ansicht zu bestätigen, daß solche Personen ganz einfach viel schärfere innere Augen haben, egal ob sie mit ihren leiblichen Augen gut oder gar nicht sehen. Die psychische Wahrnehmung wird vom Persönlichkeitsfeld direkt gelenkt, also von innen nach außen.

Die Wünschelrute

Es gibt Leute, die sehen mit irgendwelchen Körperteilen. Die vernünftigste Erklärung dafür ist die, daß dort eben die meisten Nervenendungen angesammelt sind, bei dem einen in den Fingerspitzen, bei anderen in den Zehen, im Gesicht, am Kopf.

Dazu gehört auch der Umgang mit der Wünschelrute. Ein medial veranlagter Mensch kann, wenn er einen gegabelten Stock in der Hand hält, zum Beispiel Wasseradern aufspüren. Das Holz selbst hat keine Kraft; die liegt in den Händen dieses Menschen.

Andere Leute benützen Pendel, finden damit lokal versteckte magnetische Felder oder andere Formen von Erdstrahlung. Gerade das Feld der Erdstrahlung ist so groß und unerforscht, daß es noch umfangreicher Arbeit bedarf, um das Vorurteil der Wissenschaftler ausräumen zu können.

Kraftfelder der Erde

Man kann aber heute schon als sicher annehmen, daß manche Krankheiten aus einer ungünstigen Erdstrahlung entstehen oder sich verschlechtern. Der Platz des Bettes mag, weil es auf einem Strahlungsstreifen steht, Schlafstörungen verursachen, die sich ohne weiteres beheben lassen, wenn das Bett anderswo aufgestellt wird.

Alles Leben bedeutet Strahlung; winzigste Partikel werden unaufhörlich mit größter Geschwindigkeit ausgeschleudert. Damit werden neue Kräfte geschaffen, die den unendlichen Kreis des Lebens wieder schließen.

Wir wissen an sich wenig von unserer Erde. Das, was heute noch als Aberglauben gilt – etwa die Wünschelrute –, wird morgen wahrscheinlich schon wissenschaftlich erklärt sein.

Im Moment wissen wir auch noch wenig von den lokalen Kraftfeldern der Erde, aber die neuesten Forschungen von Geologen, Biologen, Physikern und Ärzten führen zum gleichen Schluß: Es gibt sie, und Pflanzen, Tiere und Menschen reagieren auf diese Kraftfelder.

Kurz vor dem Ersten Weltkrieg schrieb Dr. Kilner ein Buch *The Aura*, in dem er über seine Entdeckungen und Experimente mit dem menschlichen Kraftfeld berichtet. Dieses elektromagnetische Feld läßt sich mit dem Kilner-Schirm messen, sogar an körperlich Toten, deren Leben sich in einer nicht-körperlichen Welt fortsetzt.

Ein Psychiater, der in der Lage ist, die individuelle Aura eines Menschen zu erkennen und zu studieren, kann große Heilerfolge erzielen. Darüber werde ich noch berichten.

Die hier angeführten Dinge sind keine Mirakel. Die menschlichen Sinne können durchaus in den außersinnlichen Wahrnehmungen eine Erweiterung finden.

10

ASW, Sexualität und physische Phänomene

Zwischen Sexualität und ASW besteht ganz entschieden ein Zusammenhang. Besonders Frauen, die ›sex appeal‹ haben, sind mindestens an Phänomena des sechsten Sinnes sehr interessiert, wenn sie nicht selbst solche Erlebnisse haben.

Mae West, das Sexsymbol von Jahrzehnten, ist dadurch und durch ihren Sinn für Humor zur Millionärin geworden. Sie ist ganz deutlich metaphysisch begabt, an psychischer Forschung außerordentlich interessiert und hat in Buffalo, New York, eine Spiritistenkirche gestiftet. Greta Garbo, das frauliche Ideal vieler Jahre, hat sich wiederholt mit dem Geist ihres Mentors Oscar S. in Verbindung gesetzt, dessen Tod sie niemals ganz hatte verwinden können.

Der tragische Tod von Marilyn Monroe hatte erstaunliche Enthüllungen zur Folge; sie war Nachbarin des bekannten Malers und Psychologen John Myers am Sutton Place und hatte ihm für ein Porträt gesessen, das sie als moderne Mona Lisa zeigte. Myers sagte, Marilyn Monroe sei parapsychologisch sehr interessiert gewesen und habe ihm vertraut; kurz nach ihrem Tod bekam Myers ihren ›Besuch‹, und sie erklärte ihm unter anderem, ihr Tod sei auf eine versehentliche Überdosis an Schlaftabletten zurückzuführen, und er möge der Welt sagen, sie habe nicht Selbstmord begangen.

Es gibt Frauen, die ihre Persönlichkeit mit dem Studium des Okkulten ins Gleichgewicht zu bringen versuchen, oft mit gutem Grund. Jeane Williams, eine Hausfrau aus dem Westen, war eine direkte Nachfahre der berühmten Bell-Hexe von Tennessee, die viele außersinnliche Erlebnisse hatte. Sie sprach plötzlich eine ostindische Sprache, die sie sicherlich nicht gekannt hat. Mit der Hilfe des bekannten Mediums Ethel Myers gelang es mir schließlich, die starke Verbindung zwischen ihr und ihrem ›Familienfluch‹ zu brechen, so daß sie fortan keine Schwierigkeiten mit dem Unsichtbaren mehr hatte.

Ich selbst erforsche nur parapsychologische Phänomene, besitze aber keine ungewöhnlichen Fähigkeiten auf dem Gebiet. Und doch stelle ich oft fest, daß ich Fremden Dinge aus ihrer Vergangenheit und sogar Zukunft sagen kann, die ich nicht weiß, die sich dann aber als richtig herausstellen. Man kann also den angeborenen sechsten Sinn durchaus entwickeln, und es gibt nicht allzu viele Menschen, die in dieser Beziehung überhaupt kein Talent haben.

Wir wissen zum Beispiel auch, daß die Anwesenheit junger Personen im Alter der Vorpubertät nur parapsychologisch erklärbare Ereignisse auslösen. Gegenstände bewegen sich selbst, Türen öffnen und schließen sich allein, die Gesetze der Schwerkraft verlieren teilweise ihre Gültigkeit. Ich glaube nicht, daß diese jungen Leute absichtlich diese Dinge hervorrufen und denke eher, daß ihre noch nicht angezapften sexuellen Energien von einer entkörperlichten Person – einem Geist, wenn Sie wollen – ohne ihr Wissen und ihren Willen benützt werden. Man nennt dieses Phänomen ›Poltergeist‹. Manchmal kommt diese Kraft auch aus einer älteren Person, die kindlich geblieben, unterentwickelt oder sehr stark enttäuscht worden ist. Keineswegs ist sie auf Jugendliche beschränkt.

Vor einigen Jahren gab es in Rosenheim in Bayern bei einem prominenten Rechtsanwalt allerhand Spukphänomene. Ein junges Mädchen, das in der Kanzlei arbeitete, wurde bald als Zentrum dieser Vorgänge erkannt. Die Zeitungen bauschten die an sich wahren Vorfälle auf: Objekte bewegten sich von selbst, die Büroeinrichtung wurde praktisch zerschlagen, ohne daß man eine sichtbare Ursache feststellen konnte. Aber immer nur dann, wenn das junge Mädchen im Haus war. Letzten Endes erschien Dr. Hans Bender aus Freiburg und untersuchte diesen Fall. Er fand, daß das junge Mädchen die Vorgänge unbewußt hervorrief. Ob sich auf dem Gelände des Hauses einmal eine menschliche Tragödie ereignet hat, wurde nicht untersucht. Das junge Mädchen mag die Kraft geliefert haben, aber die Initiative kam wohl von einem Verstorbenen. Diese Geschehnisse führten noch zu einem Nachspiel: Ein Zauberkünstler aus Wien machte für sich viel Reklame, indem er dem Mädchen Betrug vorwarf. Der Rechtsanwalt, für den das Mädchen gearbeitet hatte, klagte daraufhin gegen den Zauberkünstler und gewann. Letzten Endes war er ja dabei, als sich die Poltergeist-Phänomene ereigneten, und der Zauberkünstler natürlich nicht. Es war viel Lärm um nichts.

Evelyn Sharpe, eine sehr schöne englische Sängerin, bat mich einmal um Hilfe. Sie wollte sich dem Einfluß eines Geistes entziehen, der im körperlichen Leben ein Gangster gewesen war und plötzlich ermordet wurde. Es war ein hartes Stück Arbeit und ein sehr merkwürdiger Fall, aber es gelang uns schließlich, nicht nur dem Mädchen zu helfen, sondern auch dem Geist, der sich nicht mit der Transition, die Tod genannt wird, abfinden hatte können.

Der Grund dafür, daß so viele schöne Frauen eine ungewöhnliche psychische Begabung haben, ist das Vorhandensein einer ungewöhnlichen Menge von Ektoplasma.

Das ist eine Substanz, die unter bestimmten Bedingungen dem Körper eines Mediums entzogen wird, gewöhnlich bei Dunkelheit und unter emotionellem Streß infolge einer totalen Trance oder Persönlichkeitstrennung.

Ich selbst habe dieses Ektoplasma wiederholt photographiert, und andere haben die Substanz chemisch geprüft. Es hat sich als eine etwas klebrige, manchmal ziemlich stark riechende Masse herausgestellt, die Albumine und andere Körperchemikalien enthält. Sie wird immer einem Gebiet um den Solarplexus des Mediums, dem Magen oder dem Oberkopf entzogen. Normalerweise kehrt die Substanz nach Ende der Séance wieder in den Körper zurück; tut sie es nicht, wird das Medium auf gefährliche Weise geschwächt.

Das Ektoplasma von Materialisationen hängt mit der Geschlechts- oder Lebenskraft zusammen, die wir ja alle haben, und manchmal bezieht es sich auf besonders ausgeprägte Sexsymbole. Viele dieser ›Überfrauen‹ erleben trotz ihrer Schönheit oft Enttäuschungen in ihrem Liebesleben; die gebremste sexuelle Kraft sucht dann ein Ventil und findet es dann manchmal in übersinnlichen Erlebnissen.

Traditionell stellt man sich ein Medium als eine reizlose, vielleicht dickliche, sogar häßliche Frau mittleren Alters vor, aber ich habe selbst noch nie ein solches Medium gesehen. Ich kenne eine ganze Anzahl bildschöner Frauen, die für mich deshalb besonders anziehend waren, weil sie mediale Kräfte hatten. Vielleicht besteht da ein Zusammenhang?

Der animalische Magnetismus eines Mesmer, jenes französischen Arztes, der als der Vater der Hypnose bezeichnet werden kann, ist auch vom jungen Sinatra, von Rudolf Valentino und anderen Männern bekannt, und auch hier macht sich wieder eine überschäumende Lebenskraft bemerkbar.

Da Frauen emotioneller sind als Männer, stellen sie auch die Mehrzahl dieser Fälle dar. Das ist schon seit ewigen Zeiten so. Die Druidenpriesterinnen der alten Zeit – man spricht heute von weißer Magie – waren meistens sehr schön; sie wurden nicht ihrer Schönheit wegen zu Priesterinnen berufen, sondern offensichtlich deshalb, weil sie außergewöhnliche übersinnliche Kräfte besaßen. Aber nun darf man nicht meinen, daß jede schöne Frau grundsätzlich ein hervorragendes Medium sein und jedes enttäuschte Mädchen einen starken sechsten Sinn haben müsse.

Man darf aber nicht vergessen, daß eine emotionell ausgeglichene Persönlichkeit aus ihrem erfüllten Leben zusätzliche Lebenskraft bezieht und sehr oft einen Überfluß an psychischer Energie aufzuweisen hat.

Sex ist für manche Menschen das Wichtigste im Leben, für andere etwas Unerwünschtes. Beide sind meiner Ansicht nach schlecht oder gar nicht ausgewogen. Wir sind mit dem Geschlechtstrieb geboren, und seine Stärke und Richtung hängt von unserer Persönlichkeit ab. Wird der Trieb konstruktiv benützt, schafft er zusätzliche Lebenskraft, eine Steigerung des Bewußtseins und ist daher von sehr großem Wert.

11

ASW als Hilfe bei Verbrechersuche

Die Annahme, ASW müsse bei der Entdeckung von Verbrechen von sehr großem Wert sein, ist ganz natürlich. Immer öfter werden Medien dabei eingesetzt, übrigens mit ausgezeichnetem Erfolg. Selbstverständlich kann das Medium die Behörden nur auf die Spur des Verbrechers setzen, ihn festnehmen muß die Polizei, aburteilen das Gericht. Auch vermißte Personen werden oft mit Unterstützung von medial veranlagten Helfern gefunden.

Die bereits erwähnte Florence Sternfels war eine große Psychometrikerin, und sie leistete auch ausgezeichnete Polizeiarbeit. Aus den magersten Hinweisen konnte sie eine Spur herausfinden. Sie hatte jedoch vorher niemals Zugang zu schon vorhandenen Informationen, und später erfuhr sie nichts über das Ende des Falles. Zu Beginn des Zweiten Weltkrieges hatte sie das sehr starke Gefühl, das Saboteure das Pulverdepot von Iona Island in die Luft sprengen würden. Nach mühsamen Versuchen gelang es ihr schließlich, zur richtigen Person vorzudringen, und die Detonation konnte im allerletzten Moment verhindert werden. Die Obrigkeit schweigt allerdings dazu.

Sie hat viele vermißte Personen oder ihre Spur gefunden, und sie kannte auch bei den heikelsten und gefährlichsten Aufgaben keine Angst. Dabei war sie eine ausgesprochene Patriotin und verlangte nicht einen Cent für solche Arbeiten.

Der bekannte holländische Hellseher Gerard Croiset löste in Holland eine ganze Anzahl von Fällen geheimnisvollen Verschwindens oder fand Mörder. Croiset sieht in Bildern und muß nicht am Schauplatz des Verbrechens sein, um Impressionen zu erhalten. Er findet es nützlich, wenn er einen Gegenstand aus dem Besitz dessen hat, dessen Schicksal er klären soll.

Und wie steht die Polizei zu solcher Hilfe?

Offiziell sagt man nicht, daß man sich ihrer bedient, inoffiziell ist das eine andere Sache. Es gibt aber Polizeibeamte, die freimütig zugeben, wie sehr ihnen parapsychologische Fähigkeiten bei der Lösung schwieriger Fälle genützt haben. »ASW«, sagt z. B. der New Yorker Polizeioffizier John J. Cronin, »befindet sich heute noch in einem Anfangsstadium, aber diesen sechsten Sinn gibt es. Der primitive Mensch hatte ihn, aber im Laufe der Zeit ging er verloren. Er ist nicht übernatürlich, ganz gewiß nicht, aber er wird die Methode der Zukunft sein. In Europa werden qualifizierte Hellseher und dergleichen vor Gericht als Zeugen zugelassen. Das wird eines Tages allgemein so sein.«

12

Sind Sie ein Medium?

Das Wort ›Medium‹ wird neben dem Begriff Séance wohl am besten bekannt sein. Natürlich werden beide Worte sehr oft falsch gebraucht. Ein Medium ist eine Person, die als Mittler zwischen der körperlichen und der unkörperlichen Welt dient und des öfteren, meist von Jugend an, Beweise hellseherischer oder sonstiger psychischer Fähigkeiten geliefert hat. Dr. Joseph B. Rhine nannte die unkörperliche Welt auch die Welt des Geistes. Man wird als Medium geboren, aber diese rudimentäre Fähigkeit kann mit Methoden, die ich kurz beschreiben werde, zu großen Höhen entwickelt werden.

Jede Person, die mehrere übersinnliche Erlebnisse hat, ist ein Medium oder medial veranlagt. Unter zehn Menschen hat einer diese Gabe in verschiedenen Graden; rudimentär ist sie in uns allen vorhanden. Sie ist nichts Übernatürliches oder Mystisches, sondern sie gehört zur menschlichen Persönlichkeit und ist nur eine besondere Ausweitung der Sinne oder des Fühlens, so wie andere ausgezeichnete Pianisten oder begabte Maler sind, andere dagegen nicht.

Medium heißt ja auch nur »Vermittler«, weiter nichts. Vermittler zwischen der materiellen Welt und der nächsten Dimension. Wenn Medien einige unumstößliche Beweise ihrer außergewöhnlichen Fähigkeiten gegeben haben und diese Gaben weiterentwickeln wollen, dann tun sie dies am besten, indem sie eben möglichst viele »Fälle« annehmen, in denen ihre Kräfte ins Spiel gebracht werden können. Im ständigen Gebrauch der ASW stärken sie sich. Darüber hinaus muß ein Medium sich klar sein, daß gewisse wissenschaftliche und auch ethische Grundregeln zu beachten sind: man fragt den Klienten oder Untersuchenden nichts, man »fischt« nicht nach Information; man will nichts über den Fremden wissen oder ihn aushorchen, ehe man für ihn »liest«. Ein gutes Medium überbeansprucht seine Kräfte auch nicht; mehr als ein paar »Fälle« pro Tag schwächen die Resultate. Man nimmt weder zu viel Alkohol noch Drogen, man profitiert nicht über gewisse Grenzen hinaus von seinem Beruf, wenn man es beruflich macht, und letzten Endes, man spart mit Eigenlob – der Ruhm über das Medium soll von anderen verbreitet werden.

Ein Medium sein heißt nicht, wie eine Vogelscheuche auszusehen und an einem Tisch mit brennenden Kerzen zu sitzen. Es gibt Medien in allen Berufen, Gesellschaftskreisen und Rassen. Wo es Menschen gibt, gibt es auch Medien. Es ist nicht wahrscheinlich, daß der Mensch diese Gabe jemals verliert.

Wir sprechen von außersinnlicher Wahrnehmung dann, wenn jemand in der Lage ist, etwas zu tun oder zu erfahren, was ihm mit Hilfe seiner normalen fünf Sinne allein nicht möglich ist. Das ist nicht Teufelswerk, sondern eine natürliche menschliche Gabe, die entwickelt – und diszipliniert werden muß. Man überläßt ja zehnjährigen Buben auch nicht das neue, teure Familienauto.

Mediale Veranlagung, die zum Nutzen jener eingesetzt wird, die Hilfe suchen, ist ein Segen. Allein deshalb darf man sie nicht ignorieren.

Unter den spiritistischen Medien gibt es sehr gute und sehr schlechte und dazwischen alle Abstufungen. Die dazwischenliegenden sind oft nur deshalb nicht sehr gut, weil sie ihre Fähigkeit nicht voll entwickelt haben oder sie zum Geldverdienen gebrauchen müssen. In Amerika muß sich ein Medium als Geistlicher oder Religionsdiener registrieren lassen, sonst wird es unnachsichtlich als Wahrsager verhaftet.

In England wiederum werden Medien respektiert. Die Londoner Spiritistengruppe vermittelt auf Wunsch ein Dutzend Medien, die privat ›lesen‹ unter streng kontrollierten Bedingungen. Das Haus 33 Belgrave Square ist ein ruhiges, aristokratisches, früheres Wohnhaus mit vier Stockwerken, das

Gesellschaftsräume, eine Bibliothek und eine Buchhandlung hat. Man läßt sich für ein Medium vormerken, das man sich selbst aussuchen kann, und bezahlt die Gebühr – ca. DM 20,– für eine Sitzung von einer Stunde – direkt an die Gesellschaft. Das ist gewiß nicht teuer.

Nachdem man seine Gebühr bezahlt hat, bekommt man vom gewählten Medium seine ›Lesung‹. Man braucht nichts zu sagen, nicht einmal den Namen anzugeben. Unter diesen Medien sind übrigens doppelt soviel Frauen wie Männer.

Man könnte nun einwenden, es gebe gerissene Medien, die sich im voraus über eine Person unterrichten, für die sie lesen sollen. Sicher, das kommt vor. Es gibt ja auch falsche Ärzte, Anwälte und Geistliche. Wenn ich ein Medium teste, überzeuge ich mich immer davon, daß es keinen Zugang zu Informationen über mich hatte.

Die besten Beweise für die Echtheit eines Mediums kann man dann bekommen, wenn man ausgeglichen, weder zu leichtgläubig noch zu skeptisch ist. Ein vernünftiger Mittelweg kann reichen Lohn aus der Welt des Geistes bringen.

Sehr wichtig ist meiner Meinung nach, daß das Medium keine Möglichkeit hat, Gedanken zu lesen; das heißt dann, daß ich Informationen, die weder das Medium noch die Séanceteilnehmer kennen, als echte Mitteilungen aus der nichtkörperlichen Welt annehme.

Aus meiner eigenen Arbeit weiß ich, daß viele Leute ein Medium aus persönlichen Gründen zu treffen wünschen, kaum einmal aus wissenschaftlichem Interesse. Es gibt ja schließlich nichts Aufregenderes als das eigene kostbare Ego. Man möchte etwas über die eigenen Talente und die eigene Zukunft hören; was interessiert uns mehr als das? Es ist ganz natürlich.

Aber die Kraft eines guten Mediums ist zu schade, als daß man sie verschwenden dürfte an so einfache, unwichtige Dinge. Auch diese Kraft hat Grenzen. Wird sie über Gebühr beansprucht, so verschwindet sie.

Trancemedium

Neunzig Prozent aller Medien sind mentale Medien, die restlichen zehn Prozent sogenannte physische Medien, die mehr produzieren als nur Informationen.

Ganz an der Spitze steht das Trancemedium. Dieses kann sich selbst zeitweise von seinem Körper trennen und ihn einer Geistpersönlichkeit zur Verfügung stellen, die ihn so benützen kann wie ihren Körper, hätte dieser Geist ihn noch.

In einer echten Trance weiß das Medium nichts von dem, was durch seine Vermittlung kommt und erinnert sich später auch an nichts. Schlecht trainierte Trancemedien oder solche, die persönliche Probleme haben, die Hemmungen auslösen, können sich eines Teils des Trancematerials erinnern, doch das ist eine Folge ihrer eigenen Unvollkommenheit. Wenn eine Persönlichkeit aus einer nichtkörperlichen Welt durch ein Medium in Trance spricht, so ist es nicht nur die Stimme, die sich verändert; die andere Person sieht durch des Mediums Augen; selbst die Gesichtsmuskeln arbeiten anders. Die ganze Persönlichkeit ist die des zeitweisen Bewohners des Körpers, nicht mehr die des Mediums.

Mein Material erhalte ich durch rücksichtsloses Fragen. Wer immer den Sprechapparat eines Mediums benützt, muß sich auch verständlich machen können, muß seine Identität angeben und viele Ereignisse aus seinem Leben berichten. Ich bin nicht leicht zufriedenzustellen.

Vom Standpunkt des Mediums aus ist für die Arbeit nur der Wille zum Dienen Voraussetzung. Arbeitet ein gewissenhafter, geübter Forscher oder Parapsychologe mit einem Medium, so besteht keinerlei Gefahr. Arbeiten sie allein oder mit Amateuren, müssen sie sich selbst die Schuld geben, wenn sie Schaden leiden. Das können Kopfschmerzen sein, wenn die Trance nicht richtig wieder aufgelöst wird; in extremen Fällen können Fehler zu Geisteskrankheiten führen.

Es gibt Leute, die in Trance kommen, ohne sie zu suchen oder zu wollen. Sie sind dann entsetzt oder verängstigt, weil es ihnen zur falschen Zeit ›zustößt‹. Solche Fälle lassen sich ausschalten, wenn man das Problem – nach Lesen einschlägiger Literatur – versteht und Selbstdisziplin übt.

Wenn Sie glauben, daß Ihre Tür zu außersinnlichen Wahrnehmungen geschlossen ist, dann ist es auch so. Ihre eigene Haltung ist wichtig. Gefühlsmäßig ungleichgewichtige Medien können sehr oft das gefühlsbeladene Phänomen der einsetzenden Trance nicht bewältigen. Mit Hypnotherapie kann ich solchen Leuten helfen, damit sie in Zukunft ihre Fähigkeiten kontrollieren können. Wenn es aus gesundheitlichen Gründen nötig ist, müssen sie unterdrückt, sonst aber entwikkelt und in die richtigen Bahnen geleitet werden.

Trance ist keine Hypnose; man bedient sich manchmal der Hypnose zur Herbeiführung eines Trancezustandes, aber sie ist nur ein Werkzeug, das die Tür zum Unterbewußtsein leichter und schneller öffnet. Hypnose ist ein Zustand, der Vorschläge möglich macht; in der Trance erhält der Forscher Informationen vom Medium. Trancezustände variieren in der Tiefe. Leichte Trance dauert oft nur wenige Momente, aber sie ist ein Mischzustand aus Hiersein und der Tatsache, daß ein anderer Geist und Lippen beherrscht.

Tiefe Trance kann so stark sein, daß das Medium vom Stuhl aufsteht und herumgeht unter der absoluten Kontrolle einer anderen Persönlichkeit. Das lasse ich im allgemeinen nicht zu, um meinem Medium keinen Schaden zuzufügen. Nur bei ganz seltenen Gelegenheiten, wenn es zum Beispiel nötig ist, daß eine Geistpersönlichkeit ihre emotionellen Probleme ausarbeitet und damit los wird, lasse ich es zu.

Es gibt – sehr wenige – ausgezeichnete Medien, die sich völlig von ihrer eigenen Persönlichkeit trennen können, sozusagen neben sich selbst sitzen und ihren Körper für eine Weile einem anderen überlassen.

Die meisten sehr guten Trancemedien sind auch Hellseher oder mentale Medien, aber niemals sind Hellseher selbstverständlich auch Trancemedien. Es ist sehr schwierig, neue Trancemedien zu finden oder solche, deren Fähigkeit sich entwickeln läßt.

Deshalb bewahre ich meine guten Medien vor jeder Überanstrengung, vor allem vor unwichtigen Dingen. Ich »leihe« sie auch niemals aus, auch nicht an qualifizierte Forscher. An meinen Ergebnissen lasse ich aber alle teilhaben, auch Sie, meine Leser, durch meine Bücher.

Körpermedium

›Physische‹ Medien sind noch seltener als Trancemedien. Echte – nennen wir sie ›Körpermedien‹ – können die Levitation bewirken, Geräusche und Stimmen scheinbar aus der Luft produzieren und ähnliche Dinge tun, die durch die normalen fünf Sinne wahrgenommen und die vor allem auch photographiert und gemessen werden können.

Körpermedien werden auch am öftesten gefälscht, weil sie so selten sind. Dr. Andrej Puharich hat solche Fälschungen mit hypersensitiven Filmen, die bei fast völliger Dunkelheit noch Bilder aufnehmen, aufgedeckt.

Schwindeln ist da ja auch so einfach. Die Lichter sind gedämpft, die Bereitschaft, Onkel Joe, Tante Emilie oder sonst jemanden zu erkennen, ist überaus groß. Ein wenig Watte, ein Bettuch, ein dünner Vorhang – schon ist der Geist fertig, und man gibt sich damit zufrieden, ohne Beweise oder eine Identifikation zu verlangen. Man müßte einen solchen ›Geist‹ doch wenigstens nach einem Erkennungszeichen fragen, nach etwas also, das das ›Medium‹ nicht wissen *kann.* Zu viele sind aber damit zufrieden, daß der ›Geist‹ sagt: ›Ich bin so glücklich‹ oder ›grüß mir die Mama schön‹.

Hier stelle ich ausdrücklich fest, daß nicht alle Materialisationen Schwindel sind. Dabei wird irgendeine Materie dem Körper des Mediums und/oder der Séanceteilnehmer entzogen und dazu benützt, eine Gestalt zu formen, die durch Gedankenströme der nichtkörperlichen Person festgehalten wird, welche erscheinen will oder soll.

Diese oben schon erwähnte wachsähnliche Substanz Ektoplasma bedeckt mehr oder weniger das ›Bild‹, damit es sicht- und fühlbar wird. Oft ist ein starker Geruch zu bemerken, denn die Substanz kommt aus den Geschlechtszellen des Mediums und der Teilnehmer. Wenn sich, sobald die Notwendigkeit für eine Verkörperung nicht mehr gegeben ist, die Gedankenform unter der Ektoplasmaschicht auflöst, kehrt auch das Ektoplasma wieder in die Körper zurück, aus denen es stammt. Das ist keine Vermutung, sondern eine belegbare Tatsache. Betonen will ich hier noch einmal, daß es sehr wenige Medien gibt, die einer solchen Materialisation fähig sind und daß hier sehr viel Schwindel getrieben wird.

Ich selbst habe noch keine Materialisation gesehen. Das hat vielleicht seinen Grund darin, daß ich niemals in fast völliger Dunkelheit sitze. Ich brauche Licht, um Bewegungen und auch einen eventuellen Betrug beobachten zu können; ich habe jedoch zuverlässige Zeugen, darunter einen sehr bekannten und nüchternen englischen Geschäftsmann, die an die Wahrheit solcher Phänomena glauben.

Mr. B. kam kürzlich überraschend zu einer sogenannten Rotlichtséance irgendwo auf dem Land in England. Er hatte einen Freund bei sich, und man erlaubte ihnen, einige Materialisationen mitzuerleben. Es erschienen einige menschliche Gestalten von anscheinend wachsähnlicher Substanz; bei Berührung erwiesen sie sich warm wie Fleisch. Mr. B. sagt, sie seien vor seinen Augen sozusagen ›weggeschmolzen‹.

Bei schwindelhaften Materialisationen verschwinden die Gestalten üblicherweise in einen Schrank oder in eine dunkle, möglichst weit von der Gruppe entfernte Ecke, nicht langsam und so, daß man sie dabei beobachten könnte, sondern unvermittelt.

Wir wissen noch immer viel zuwenig von der Biochemie unseres Körpers und könnten daher nicht behaupten, Ektoplasma sei ein Schwindel. Die Substanz wurde isoliert und genau chemisch untersucht. Sie ist reich an Albuminen und an Substanzen, die im lebenden Körper vorkommen. Wie sie aus dem Körper herauskommt und wieder dorthin zurückkehrt, weiß man nicht. Aber erzeugt der Körper in Streßsituationen nicht auch aus allen Körperporen reichlich Schweiß? Vielleicht wird Ektoplasma auf ähnliche Weise erzeugt, wenn die richtige psychische Bedingung gegeben ist.

Natürlich kommt Schwindel in Séancen und dergleichen vor; aber man fällt ja nicht nur hier auf manchen Schwindel herein, sondern auch anderswo, und schon mancher von seiner Tüchtigkeit und Unfehlbarkeit überzeugte Arzt hat verhängnisvolle Fehldiagnosen gestellt, ohne daß man gleich den ganzen Berufsstand diskriminiert. Geschwindelt wird hauptsächlich dann, wenn ein Medium das Nachlassen der medialen Kräfte spürt. Auch hier kann der aufmerksame Beobachter nicht betrogen werden.

Ich selbst gebe mich nicht mit in der Luft schwebenden Gegenständen ab, aber es ist nicht auszuschließen, daß die Kraft eines entkörperlichten Geistes zusammen mit der des Mediums oder nur durch das Medium entgegen den Gesetzen der Schwerkraft Dinge in Bewegung setzen kann. Beim Tischchenrücken wird zum Beispiel eine nichtkörperlich anwesende Person um Äußerungen gebeten; das Tischchen wird *nachweislich* nicht von den kaum aufliegenden Fingerspitzen der Teilnehmer angehoben oder bewegt, keiner der Teilnehmer bewegt auch die Füße oder klopft.

Ich habe selbst oft genug diese Klopfgeräusche gehört und kann Ihnen versichern, daß sie sich wesentlich von natürlichen Holzgeräuschen unterscheiden, die dann erzeugt werden, wenn das Holz sich ausdehnt, wenn jemand an ein Tischbein streift oder dergleichen. Sie scheinen *aus dem Tisch* zu kommen, aber die Stellen, wo sie entstehen, sind kaum zu lokalisieren. Sie sind jedenfalls so etwas wie ein Morsekode, jedenfalls intelligente Signale, nur viel schwächer und zarter.

Körperliche Phänomene

Es gibt zwei Typen körperlicher Phänomene, die ich selbst unter Testbedingungen noch nicht festgestellt habe. Das ist zum Beispiel eine Stimme, die aus der Luft spricht. Sie kommt nicht aus dem in Trance befindlichen Medium, auch nicht von einem Bauchredner, sondern die Stimme eines Entkörperlichten scheint aus der umgebenden Luft zu kommen; da diese Stimme auch von anderen Teilnehmern oder von allen gehört wird, kann sie keine subjektive Erfahrung wie Hellhören sein.

Ich selbst habe bei einer Sitzung einmal nur zirpende oder zwitschernde Laute gehört, obwohl keine Vögel im Zimmer anwesend und die Fenster geschlossen waren. Aber mir wurde von anderen Fällen glaubhaft berichtet, daß diese Stimmen deutlich und einwandfrei als menschlich erkennbar gewesen seien.

Das andere Phänomen beschreibe ich gleich mit einem Beispiel. Von einigen Sitzungen wird berichtet, daß unsichtbare Hände eine Person aus ihrem Stuhl aufhoben und dann wieder fallen ließen zum Zeichen ihrer Anwesenheit. Ich habe das noch nicht erlebt, doch das ist kein Beweis dafür, daß es dies nicht gibt. Auch ich habe noch manches zu lernen.

Nichtkörperliche Persönlichkeiten sind notwendigerweise Energiefelder, die solche Dinge vollbringen können. Das als ›Poltergeist‹ bezeichnete Phänomen registriert häufig eine Bewegung schwerer Gegenstände bei hellem Licht. Es handelt sich dabei offensichtlich niemals um einen freien Fall; die Gegenstände bewegen sich sehr viel langsamer, meistens sogar in einem weitgezogenen Bogen, als hielten unsichtbare Hände sie fest. In vielen hundert beobachteten und nachgeprüften Fällen schienen die Gegenstände alle Naturgesetze zu mißachten.

Verschiedene Parapsychologen führen diese Erscheinung auf ungebändigte und noch nicht angezapfte Energien in lebenden Personen, vorwiegend Medien zurück. Es gibt aber sicher Fälle, die nicht damit zu erklären sind, besonders jene, wenn in der gleichen Umgebung noch andere Phänomena auftreten, die auf die Anwesenheit eines Geistes oder einer nichtkörperlichen Persönlichkeit hinweisen.

Das Phänomen Apport

Eng verwandt damit ist ein Phänomen, das allgemein ›Apport‹ genannt wird. Hier scheinen solide Gegenstände aus der Luft oder an einer Person des Séanceraumes zu erscheinen. Hier gibt es selbstverständlich viele Betrugsmöglichkeiten.

Eine unabhängige psychische Forschung versucht für dieses Phänomen eine Lösung zu finden; auch die exakten Wissenschaften befassen sich damit. Wir wissen heute ja alle, daß ein ganz solid aussehender Gegenstand aus Molekülen und Atomen besteht, die von magnetischen Kräften in einem ganz bestimmten Abstand gehalten werden, der die Konsistenz des Gegenstandes für das menschliche Auge bestimmt. Es ist durchaus möglich, daß eine sehr starke magnetische Kraft die schwächere aufbricht oder sie wieder zusammenschweißt.

Da auch Menschen so bewegt werden können, offensichtlich ohne Schaden zu nehmen, führe ich den berühmten Fall des britischen Mediums Mrs. Guppy an. Ein Forscher stellte bei einer Séance mit einer Gruppe von Leuten die Möglichkeit der Psychokinese in Frage, also die Bewegung solider

Objekte durch unsichtbare Kräfte. Und diese Kräfte traten den Beweis an:

In einem anderen Stadtteil war Mrs. Guppy das Medium einer Séance. Plötzlich verschwand Mrs. Guppy und erschien am Tisch des Zweiflers, und einen Moment vorher war sie körperlich bei einem anderen Meeting einige Meilen weit weg gewesen! Dafür gibt es Zeugen!

Wie die indischen Yogis beweisen, kann die Kraft des Geistes den Körper beherrschen, besonders in emotionellen Zuständen. Ein Yogi kann nackt bei eiskaltem Wetter dasitzen, ohne daß er friert, weil die Kraft seines Geistes seinen Körperhaushalt regelt.

Wir müssen uns bei alldem aber immer vor Augen halten, daß diese Fähigkeiten nichts anderes sind als Formen menschlichen Erlebens und nicht mehr.

13

ASW, Mystizismus und Drogen

Wenn man sich's genau überlegt, so passen Mystizismus und wissenschaftliche Forschungen nicht recht zusammen. Wenn wir aber dem Mystizismus das Mäntelchen des Übernatürlichen ausziehen, verstehen wir seine wahre Stellung in der Gefühlswelt des Menschen schon besser.

Der Mensch braucht den Ausdruck seiner religiösen Gefühle, und es war von jeher so, daß er das, was er nicht erklären konnte, als übermenschlich und übernatürlich bezeichnete. Mit jedem ungelösten und unlösbaren Problem wandte er sich an das außermenschliche Prinzip, das es für ihn lösen sollte. Darin hat sich im Lauf der Jahrtausende nichts geändert.

Ursprünglich waren die Naturkräfte in ihrer erschrekkenden Glorie die Gottheiten für die Menschen. Der Donner wurde zu Zeus, dem Donnerer; das Feuer des Vulkans zu Hephaistos, dem unterirdischen Feuergott. Auf die Art wurde die angsteinflößende Kraft dem menschlichen Verständnis nähergebracht. Er konnte mit diesen Kräften auf der Basis Mann-zu-Mann reden und hoffen, so die Zerstörung von sich abzuwenden. Er wollte seine Götter gar nicht unbedingt erforschen, sondern nur mit ihnen auskommen. Eine gewisse mystische Aura blieb, und damit wurden die Gottheiten aller Zeitalter, Religionen und Rassen zu Wesen von übermenschlicher Größe. Oder sie sind Menschen anderer Welten.

Dann setzte die Zivilisation ein, und die alten Götter waren plötzlich gar nicht mehr so furchterregend, denn der Mensch kannte nun die Ursache des Donners. Er begann seine alten Götter in Frage zu stellen.

Die Übermenschlichkeit schrumpfte zur Menschlichkeit, und wenn er nun zu seinen Göttern betete, meinte er im Grund damit sein unentwickeltes Unterbewußtsein.

Ein kleiner Prozentsatz gefühlsbeladener Menschen mochte aber eine so kalte, nüchterne Religion nicht akzeptieren. Sie verehrten ihre Götter im Geheimen, damit man sie nicht schwarzer Praktiken beschuldigen konnte. Der Mystizismus fand eine neue, ganz persönliche Haltung zum weit entfernten Gott; zwischen ihm und dem Gott-Prinzip entstand eine mystische Union, die von irdischen Bindungen völlig frei war und ist, selbst von denen von Zeit und Raum.

Was keine Religion zustande brachte, der Mystizismus konnte es – er sitzt nicht nur zur Rechten Gottes, sondern auf dem Thron selbst!

Damit hört der Mensch auf, eine Persönlichkeit mit individuellen Wünschen und Problemen zu sein; er wird Teil der großen universellen Kraft, in der er für den Augenblick Gott ist. Alle formalen Religionen sagen, daß Gott überall, also auch in uns ist, aber nur der Mystiker erlebt das körperlich und gefühlsmäßig. Die Bande zwischen Körper und Geist erweitern sich, damit auch das Bewußtsein.

Ton, Farbe und jedes nur denkbare emotionelle Stimulans fördern die Selbstaufgabe, die Verlorenheit an die Gott-Union und lassen mystische Erlebnisse zu wahren Orgien emotioneller Ergebenheit werden.

In der ganzen Mittelmeerwelt entstanden zu Ausgang des Altertums Tempel des Mystizismus; auch neue Kulte entstanden, und niedere Gottheiten wie Kybele, Astarte und Mithras wurden zu Angelpunkten mystischer Kongregationen. Wie sehr die Kultdienste, die Mysterien, oft ausarteten, wissen wir. Zu den Mystikern zählen Menschen aus den höchsten Ständen, die heimlich den Mysterien beiwohnten, so wie heute noch hochstehende Persönlichkeiten heimlich der schwarzen oder weißen Magie anhängen.

Der Mystizismus wird von allen Kirchen abgelehnt, weil er zwei Dinge tut, die von keiner gebilligt werden: der Priester ist überflüssig, weil der Gläubige selbst mit seinem Gott verkehrt, und niemand kann kontrollieren, was und wieviel jeder Gläubige von seinem Gott erhält.

Also wurden die Mystiker verfolgt, erst von ihren heidnischen, später von ihren christlichen Zeitgenossen, wenn auch das Christentum einige mystische Elemente übernommen hat, wie die Gebetsgesänge in rhythmischen Mustern, die Zimbeln und Trommeln, die sich allmählich zu machtvoller Kirchenmusik wandelten, den Weihrauch und einiges mehr. Heute bietet besonders die römisch-katholische Kirche ein sehr theatralisches Spektakel, das mit seinem wohlberechneten Überfall auf die Sinne auch nie den gewünschten Eindruck verfehlt.

Die christlichen Kirchen haben den Tanz nicht in ihr Ritual aufgenommen, aber viele östliche Religionen tun das seit undenklichen Zeiten. Die Tempeltänzerinnen Indiens, Javas und Kambodschas sind berühmt, und man kennt die Fruchtbarkeitsriten afrikanischer Kulte.

Der Zweck all dieser Stimuli ist das Herausheben des Menschen aus seinem körperlichen, erdgebundenen Zustand auf eine höhere Ebene, wo er Teil der göttlichen Existenz wird, wenn auch nur für Momente.

Auch der fanatische Formalismus des Mittelalters, ob christlicher oder islamischer Herkunft, konnte den Mystizismus nicht ausrotten: Er ging in den Untergrund. Als dann die Zeit der Aufklärung dämmerte, war auch der Mystizismus wieder da und fand im Freimaurertum einen neuen Beschützer. Sicher, die Praktiken wurden erheblich zugestutzt und die emotionellen Erlebnisse waren lange nicht mehr so übersteigert wie vorher, aber formale Elemente der alten Mysterien wurden eindeutig in das Freimaurertum übernommen.

Der moralische Verfall der Gesellschaft des Westens ließ nach den beiden Weltkriegen neue, seltsame Kulte aus dem Boden sprießen, und die schwarze Magie feierte ein glanzvolles Comeback. Sicher hat Mystizismus nichts mit schwarzer Magie zu tun, doch sie borgte sich von ihrem heiteren Nachbarn gewisse Riten aus; er zog schließlich eine klare Trennlinie und wurde zu einer potenten geistigen Macht.

Psychedelische Drogen

Kalifornien ist ein ausgezeichneter Boden für immer neue Kulte; viele von ihnen sind nur töricht, sonst aber richten sie keinen Schaden an. Doch eines Tages begegnete dem berühmten Schriftsteller Aldous Huxley in diesem Rahmen eine Droge namens Meskalin. Er experimentierte mit ihr. Ich behaupte nicht, Huxleys Motive seien schlecht gewesen, aber dieses *Tor zur Wahrnehmung* führte zu Leuten, deren Experimente nicht immer von so lauteren Motiven getragen waren wie seine.

Die ›psychedelischen‹ Drogen wurden allmählich bekannt. Sie dienten der ›Bewußtseinserweiterung‹. Zwar behauptete man, sie seien nötig zur besseren Erforschung der menschlichen Persönlichkeit, aber viele halten sie für eine Ausrede, für die Flucht aus der Realität. Ärzte benützten diese Drogen jedoch oft zur Behandlung der Schizophrenie, und es gibt etliche Fälle, die darauf ansprachen.

Huxley fand viele Nachahmer. Plötzlich hatte die breite Masse Mittel, die mediale Erlebnisse praktisch in Heimarbeit verschaffte, sobald man Lust darauf verspürte. Nimm Meskalin und fliege! Jawohl, man flog, und der Mensch gelangt mit Meskalin bald an den Punkt, da er jedes Bewußtsein für Dinge und Menschen um ihn herum verliert.

Sicher hat die Droge auch Verdienste, wenn sie in kontrollierten Experimenten von verantwortungsbewußten Personen angewandt wird, um ihre klinische Einsatzmöglichkeit zu prüfen. Für den ›Kick‹ ist sie körperlich und geistig viel zu gefährlich für den, der sie nimmt, und für seine ganze Umgebung. Unkontrolliert kann einer, der die Droge genommen hat, noch ›high‹ sein, wenn er über die Straße geht oder seinen Wagen steuert, und er sieht und bemerkt nichts von dem, was um ihn herum vorgeht.

Wenig später entdeckte Dr. Adrija Puharich das uralte Geheimnis der heiligen Pilze, die ähnliche Drogen oder sogar eine Kombination mehrerer Drogen enthalten. Die Indianer Mexikos bedienen sich einer sehr starken Droge aus Kaktuspflanzen, die Peyote genannt wird, und dieser Name wurde zum geflügelten Wort in fast jedem Campus und nahezu jeder Diskothek.

Aber diese Drogen waren nicht ganz leicht zu bekommen. Da ›entdeckte‹ man die Lysergsäure, LSD genannt. Das war schon wesentlich besser, weil leicht und billig herzustellen, und die geringste Menge konnte einen ganzen Campus für Stunden »zum Fliegen« bringen.

LSD kann in der Hand verantwortungsvoller Ärzte Erfolge bei sonst hoffnungslosen Fällen von Geisteskrankheiten bringen, aber dieser Aspekt ging im allgemeinen Taumel bald unter. Der Harvard-Professor Timothy Leary konnte nicht mehr zwischen wissenschaftlichen Experimenten und Zügellosigkeit unterscheiden und wurde von Harvard gefeuert. Trotzdem setzte er seine Arbeit fort.

Auch einige ausgezeichnete Trancemedien haben mit LSD experimentiert, weil sie unter dem Eindruck standen, sie könnten damit ihre eigenen natürlichen Gaben besser verstehen und entwickeln. Aber sie untergruben damit nur ihre Gesundheit, ohne daß sie neue Erkenntnisse beisteuern konnten. Die Droge fälscht nämlich echte mediale Fähigkeiten, ohne sie kopieren zu können. Das kann eine Droge niemals.

Drogen pfuschen nur in der natürlichen chemischen Ausgewogenheit des Körpers herum. Sie öffnen nicht nur das Tor zu neuer Wahrnehmung, sondern zu einem Haus des Horrors, und eine ›Schlangengrube‹ ist im Vergleich dazu relativ harmlos.

Diese Büchse der Pandora kann nicht einmal nach einer

verborgenen psychoanalytischen Bedeutung analysiert werden, da die von einem gestörten biochemischen Gleichgewicht erzeugten Bilder nur wüste Verzerrungen sind. Die Wirkungen des Alkohols sind schon schlimm genug, aber diese Drogen führen so weit von aller Realität weg, daß eine Rückkehr in vielen Fällen überhaupt nicht mehr möglich ist.

Die von LSD ausgelösten Phantasieflüge gleichen dem alten Hexenritual, den Hexenritten und dem Hexensabbat.

Der deutsche Universitätsprofessor Erich Will Peuckert entdeckte das Geheimnis der sogenannten Hexensalben in einem Kompendium über Hexerei aus dem sechzehnten Jahrhundert. Er folgte genau der Rezeptur und benützte dazu Auszüge aus verschiedenen Pflanzen, die starke psychedelische Drogen enthalten; diese Salbe probierte er in seinem Studio an sich selbst und einem Freund, einem Anwalt, aus. Der *Stern* brachte die Geschichte seiner Experimente, und daraus erfuhr man, was die mittelalterlichen Hexen wirklich erlebten, wenn sie sich mit dieser Salbe einrieben:

Beide fielen innerhalb weniger Minuten in einen tranceähnlichen Schlaf, der zwanzig Stunden andauerte. Beim Erwachen hatten sie einen entsetzlichen Kater mit schrecklichen Kopfschmerzen. Aber sie hatten einen Hexensabbat erlebt.

Dr. Peuckert hatte Visionen entsetzlich verzerrter menschlicher Gesichter und das Gefühl, weit durch die Luft zu fliegen, zu steigen und zu stürzen. Er landete auf einem Berggipfel. Vergleichbar dem legendären Blocksberg!

Der Sabbat selbst war eine wilde Orgie und groteske Ausschweifung, bei denen üppige junge Damen die Hauptrolle spielten und sich Ungeheuer und Dämonen an den erotischen Szenen beteiligten. Sie huldigten dem Teufel und vollzogen perverse Sexhandlungen.

Dieser Bericht aus dem Jahr 1960 stimmte in jedem Detail mit den aufgezeichneten Aussagen von Hexen überein, die im Mittelalter nach Hexenprozessen verbrannt oder zu Tode gefoltert wurden. Sie hatten ihren diabolischen Sabbat tatsächlich gefeiert, wenn auch nicht körperlich, aber sie glaubten selbst daran. Viele von ihnen müssen im Bewußtsein ihrer Schuld in den Tod gegangen sein.

Schwarze Magie

Hier setzt auch die schwarze Magie ein. Sicher gab es im Mittelalter ebenso wie heute körperliche Riten, doch die waren und sind ebensowenig übernatürlich wie eine normale College-Orgie. Die Riten der schwarzen Magie sind eine Umkehrung dessen, was die Kirche als heilig betrachtet, doch sie entstanden erst dann, als die Kirche unnachsichtig die alte Religion, die sie ›Heidentum‹ nannte, verfolgte. Schließlich wollte auch die alte Religion überleben. Es ist eine historische Tatsache, daß jede aufkommende neue Religion ihre Vorgängerin in Grund und Boden verdammen und als ›Heidentum‹ und ›Teufelswerk‹ beschimpfen muß.

Dabei war die Religion der Druiden absolut respektabel und hochgeistig; erst durch die Kirche wurde sie zur schwarzen Hexerei. Die Verfolgung durch die Kirche forderte Gegenmaßnahmen heraus. Sicher verlangte die Religion der Druiden gelegentlich auch Menschenopfer, genauso wie das frühe Judentum oder heutige afrikanische Kulte. Im Voodoo wurde das Menschenopfer vor einiger Zeit durch ein Huhn ersetzt; so bezahlte man die Gottheiten, damit sie einem nichts Böses tun.

Je mehr die schwarze Magie in den Untergrund gehen mußte, desto krimineller und amoralischer wurden ihre Methoden. Selbst als die sehr rigorosen Verfolgungen der Kirche großzügigeren staatlichen Gesetzen wichen, blieb die Notwendigkeit, sich zu verstecken. Gesellschaftsfeindliche und Labile gesellten sich zu den Gläubigen der schwarzen Magie, so daß der einst ehrenhafte Kult immer weiter absank. Heute gibt es schwarze ›Coven‹ – ein Coven ist eine Kongregation von mindestens zwölf Personen – in allen Teilen der Welt. Manchmal kehren sie zu Menschenopfern zurück, oft begehen sie grausame Morde. Das tun sie nicht aus einem religiösen Glauben heraus, sondern eher des ›Kicks‹ wegen, so etwa, wie ein Pervertierter einen Sexualmord begeht.

Als die grausamen Hexenjagden des achtzehnten Jahrhunderts überstanden waren, hielt sich eine kleine, aber starke Minorität von aufrichtigen Gläubigen an die alte Religion, von allen schwarzen Praktiken fern. Besonders in England ging die wahre Hexenkunst einer neuen Blüte entgegen. Man glaubt an einen universalen Gott und hält sich etwa an Spinozas Konzept *Deus sive Natura.*

Die modernen Hexen sind Heiler und bedienen sich der alten Mittel zum Guten und nicht zum Bösen. Ihr Ritual ist nicht aggressiver als ein Gruppenvolkstanz. Sie rufen nicht den Teufel an, denn sie wissen, daß der Teufel nur in den Geistern einiger primitiver Menschen existiert, sondern sie wenden sich an eine symbolische Mutter-Göttin, an die antike Diana.

In ihren Zeremonien, die sie am liebsten unter hohen Waldbäumen zelebrieren, sagen sie Gebete und singen alte Druidengesänge, heben einen symbolischen Dolch zum Mond und beschreiben damit schützende Kreise. Mancher Coven schreibt vor, daß die Zeremonien nackt vollzogen werden, und das ist das einzige Unorthodoxe dabei. Das heißt aber nicht, daß eine allgemeine Orgie in freier Liebe folgt; diese Orgien sind anderswo eher zu finden. Im nächtlichen Wald ist es meistens feucht-kühl, und da ist jede Hexe froh, wenn sie nach dem Ritual wieder nach Hause gehen kann. Auch Hexen sind Menschen, die am nächsten Morgen zur Arbeit gehen müssen.

Der Grund für die Nacktheit ist der Glaube, daß der Körper eine magnetische Einheit darstellt und damit zur Macht des Rituals beiträgt. Kleider halten nach altem Hexenglauben die Strahlung zurück, die jede menschliche Persönlichkeit abgibt, solange sie in ihrem Körper existiert. Sie sind die Grundlage für jede parapsychologische Tätigkeit.

Hexen reiten weder auf Besen, noch vollbringen sie Wunder. Das hat die Kirche seit Jahrhunderten behauptet, ist aber nicht wahr. Hexensalben und religiöse Zusammenkünfte waren alles, was zur Hexerei je gehörte, und ihre Heilkräuter und Heilmethoden finden die Anerkennung professioneller Botaniker und naturbezogener Mediziner. Ihre gründliche Naturkenntnis ist ungeheuer wertvoll. Besen, spitze Hüte, schwarze Katzen und die Warze auf der Nase sind Märchen.

Der Glaube an die Druidenreligion und weiße Hexerei ist ebenso ein Persönlichkeitsrecht wie der an das Christentum, den Buddhismus oder jede andere große Religion. Christliche Dogmen sind zum Teil auf eine absichtliche oder zufällige falsche Auslegung oder sogar Fälschung des alten Keltenglaubens, seiner Überlieferung oder seiner Manuskripte zurückzuführen. Aber das hat die Druidenreligion dem Christentum längst großmütig verziehen. Sie kann es sich moralisch leisten.

Heute haben die Religionen große politische Bedeutung, und nur engstirnige Fanatiker nehmen ihre Religion wörtlich. Für die meisten Menschen hat sie moralische Werte. Deshalb sollte niemand den anderen wegen seiner Religion verurteilen.

Voodoo und andere Kulte

Ich habe schon einmal die Voodoo-Religion erwähnt. Sie ist nicht mit schwarzer Magie gleichzusetzen und beschränkt sich nicht auf Haiti oder Südamerika. Voodoo ist die Eingeborenenreligion der Bewohner Westafrikas, wurde dann nach Westindien exportiert und kam mit den Sklaven nach Amerika. Dieser Glaube verfügt über ein ganzes Pantheon von Naturgöttern, die auch nicht weniger amüsant sind als die mit menschlichen Schwächen ausgestatteten griechischen Götter der Antike.

Der Glaube, man könne einen Feind verletzen oder töten, wenn man sich ein Bild von ihm schaffe und dieses mit Nadeln durchsteche, ist ein vergleichsweise kleiner Makel der Voodoo-Religion. Entgegen der allgemeinen Meinung ist ein solcher Tod nicht auf Angst zurückzuführen. Es gibt bestätigte Fälle, in denen das Opfer von dieser Attacke nichts weiß. Es scheint, daß die Puppe nur als Konzentrationspunkt dient, auf den der Rächer seine ganzen psychischen Energien richtet. Die überträgt er dann durch Gedankenwellen auf das Opfer, wo sie ihre schmutzige Arbeit ebenso tun wie eine tödliche Strahlung, ohne daß das Opfer sich dessen bewußt ist.

Der Voodoo-Religion sehr ähnlich ist die Huna-Religion von Hawaii. Dort können die vorher beschriebenen Maßnahmen neutralisiert werden, wenn ein qualifizierter Huna-Priester sie rechtzeitig erkennt und entsprechend handelt.

Wir müssen sehr genau unterscheiden zwischen der Macht der Suggestion, die tötet, und der sehr greifbaren Macht, die zerstört. In der Suggestion begeht das Opfer tatsächlich eine Art Selbstmord, der von panischer Angst ausgelöst wird. Seine körperlichen Reaktionen werden zunehmend von Angst gestört, bis der Höhepunkt erreicht ist. Dem Opfer fehlen aber in der Regel gewisse psychologische Eigenschaften, und es ist immer sehr leicht zu beeinflussen.

Einem zerstörenden Einfluß kann selbst eine starke Persönlichkeit unterliegen. Eine geheimnisvolle Krankheit befällt einen bisher gesunden Menschen, und kein Arzt kann sie heilen, denn nur ihr Verursacher kennt sie. Vor so gemeinen und ausgefallenen Angriffen ist kein Mensch je ganz sicher. Zum Glück sind sie äußerst selten.

In Amerika praktiziert man Voodoo und Macumba, in Europa wirkt sich der Fluch ähnlich aus. Nach Ansicht von Laien wirkt sich ein Fluch nur dann aus, wenn der Verfluchte sich davor fürchtet. Das ist sogar richtig, denn Angst ist eine ungeheuer starke Droge und viel gefährlicher als jedes aus Pflanzen gezogene Gift. Auf manchem Totenschein müßte eigentlich stehen, Todesursache: Angst, wenn der Tote fürchtete, verflucht worden zu sein.

Wenn aber der Verfluchte vom Fluch nichts weiß oder nur darüber lacht? Was dann, wenn der einmal ausgesprochene Fluch noch weiterwirkt, nachdem der Verfluchte längst tot ist?

Vor einiger Zeit habe ich einen Freund besucht, der ein herrliches Schloß in Österreich besitzt. Er war der letzte Abkömmling eines Aristokraten, der sich dieses Schloß vor etwa vierhundert Jahren bauen ließ, und einer seiner Vorfahren war General im berüchtigten Dreißigjährigen Krieg.

Dort hat er einen Mann zum Tode verurteilt wegen eines Verbrechens, das er nicht begangen zu haben scheint. Er wurde in den Kerker geworfen, wo er verhungerte. Aber er hatte offensichtlich noch Zeit für einen Fluch gegen den Mann, der ihn verurteilt hatte. Kein Nachfahre des Grafen sollte je eine glückliche Ehe führen oder sich lange seines Besitzes erfreuen können.

Traurige Tatsache ist, daß der Fluch sehr wirksam war. Die meisten Mitglieder dieser Familie starben auf gewaltsame Art, und Glück gab es wahrlich sehr wenig in den düsteren Mauern des Schlosses. Schließlich kam das Schloß in den Besitz meines Freundes, der einem Seitenzweig der Familie angehörte; die anderen Zweige waren alle ausgestorben.

Bei Ende des Zweiten Weltkrieges wurde das Schloß von den einrückenden Russen niedergebrannt. Ein Unglück nach dem anderen verfolgte meinen Freund; da er eine starke parapsychologische Begabung hatte, erlebte er eine Vision und konsultierte dann eine Talentkollegin, die hellseherisch das Schloß und den Geist besuchte und ihm vom Fluch berichtete.

Aber der Geist war nicht in der Laune, zu vergeben. Mein Freund wandte sich dann an mich, und 1964 besuchte ich das Schloß. Ich konnte außerordentlich interessante Fotos machen und kehrte im folgenden Jahr mit einem Medium zurück, das den Geist endlich zur Ruhe brachte. Ich war aber erst ein paar Wochen aus Österreich abgereist, als mein Freund, der von sehr robuster Gesundheit war, plötzlich starb. Er hatte keinen männlichen Erben hinterlassen, der Fluch war erfüllt.

Solche Geschichten mögen phantastisch klingen, sind es vielleicht auch, doch es gibt sie.

14

ASW, Besessenheit oder Schizophrenie?

Kaum ein Thema finden die Fiction-Schreiber interessanter als die Besessenheit. Das ist ganz natürlich, wenn wir von der nachgeprüften Möglichkeit ausgehen, daß ein entkörperlichter einen lebenden Menschen übernehmen kann. Hier stellt sich die Frage, wie weit ein Mensch für Handlungen verantwortlich ist, die offensichtlich Plan und Werk eines anderen sind. Hier muß man ungeheuer vorsichtig sein, denn die Trennungslinie zwischen echter Besessenheit und Schizophrenie läßt sich oft nur sehr schwer ziehen.

Beherrscht werden

Man muß unterscheiden zwischen Beherrschtwerden und Besessenheit. Ein Mensch, der beherrscht wird, kann oft genau das Gegenteil dessen sagen oder tun, was er normalerweise sagen oder tun würde. Ehe man einen solchen Menschen zum nächsten Medium oder Parapsychologen bringt, muß man erst alle anderen Möglichkeiten ausschalten. Es gibt körperliche und seelische Veränderungen und Krankheiten, die ein solches Verhalten auslösen.

Meistens entwickelt sich das Beherrschtwerden nicht über lange Zeit, sondern spontan, oder es zeigt sich höchstens innerhalb von Wochen. Es muß immer eine Ursache geben, sozusagen eine Öffnung in der Persönlichkeit, durch welche das beherrschende Wesen auf die Persönlichkeit des Opfers einwirkt. Ich habe etliche Fälle überprüft und gefunden, daß alle Opfer bis zu einem gewissen Grad medial veranlagt waren, und das scheint die Grundbedingung für ein Beherrschtwerden zu sein. Damit ist die »Pforte« geöffnet.

Es gibt jedoch auf der Erde viele Millionen Menschen mit dieser latenten Fähigkeit und nur sehr wenige Fälle, die wirklich unter diesem Beherrschtwerden gelitten haben. Es muß also noch ein unbewußter persönlicher Makel, eine Schwäche dazukommen, die es einer starken, beherrschenden Persönlichkeit erlaubt, das Opfer auszubeuten. Diese Schwäche dürfte Angst sein, die Angst vor dem Unbekannten, vor der Zukunft oder vor etwas anderem. Eine positive, starke Persönlichkeit wird kein Opfer des Beherrschtwerdens.

Es gibt Menschen, die durch häusliche Probleme, Unglück, Unzufriedenheit, Enttäuschung oder dergleichen ein sehr starkes negatives Emotionalfeld erzeugen. Das sind mögliche Opfer, weil sich die eindringende Persönlichkeit an diesem magnetischen ›Kissen‹ festhalten kann. Vielleicht gehört sogar ein gewisser Wunsch nach dem Beherrschtwerden dazu. Sie würden sich wundern, wüßten Sie, wie viele ganz normale Menschen den Wunsch unterdrücken, sich dieser oder jener Pflicht entziehen zu können, um dafür willige Sklaven eines stärkeren Geistes zu werden.

Auch eine Gelegenheit ist dazu notwendig. Wenn eine innerlich zerrissene, medial veranlagte Persönlichkeit sich durch die Trance anderen Einflüssen öffnet, so ist es durchaus möglich, daß irgendeine Persönlichkeit die Gelegenheit mißbraucht und das Medium beherrscht.

Einer der bekanntesten Fälle psychischer Forschung ist der einer Dreifachpersönlichkeit bei Sally Beauchamps aus Boston, den Dr. Morton Prince im Jahr 1898 überprüft hat.

Drei ganz unterschiedliche Persönlichkeiten hatten den Körper dieser jungen Frau besetzt. Dr. Prince gelang es, zwei dieser Extreme in eine neue, ausgeglichene Persönlichkeit zu verschmelzen, aber die sehr starke dritte bestand darauf, sie sei ein Geist, eigenständig und nicht ein Splitter der Persönlichkeit Beauchamps und wollte von Verschmelzen oder Verlassen nichts wissen. Dr. Prince wandte Hypnotherapie an und überredete schließlich den unerwünschten Geist, die junge Frau zu verlassen, die von nun an ein normales Leben führen konnte.

Es stimmte, daß die junge Frau damals von schwacher Gesundheit, enttäuscht und ängstlich war, so daß, wie Dr. William McDougall, ein sehr bekannter Psychologe, meinte, eine separate psychische Einheit Zugang zu Miß Beauchamps Körper finden konnte. Ich selbst kam in Kontakt mit einem ähnlichen Fall.

Rita H. aus Boston litt lange unter einer chronischen Krankheit und damit verbundenen Depressionen. In diesem Zustand hörte sie die Stimmen von drei Leuten, zwei Männern und einer Frau, die ihr unheimlich waren, weil keine *sichtbare* Person anwesend war. Sie konnte sich nicht dagegen wehren, daß diese drei fremden Geister all ihre bewußten Gedanken hörten, und es war ihr wegen des dauernden Redens und der ständigen Gedankenverwirrung kaum möglich, so etwas wie eine gewisse geistige Gesundheit zu behalten.

Sie sagten ihr, sie seien Leute, die gestorben seien und natürlich keinen Körper hätten. Sie drangen in ihren Geist ein, um sie zu ›ermutigen‹ und wurden in der ›Aura‹ gefangen, aus der sie sich nicht befreien konnten.

Sie kämpfte verzweifelt und bis zur körperlichen Erschöpfung gegen die drei Eindringlinge und fand, wie sie selbst sagte, »mit Gottes Hilfe wieder zur äußeren Welt zurück«. Sie lernte sich zu konzentrieren und sie aus dem Bewußtsein auszuschließen. Das gelang ihr so gut, daß sie eine verantwortungsvolle Arbeit annehmen und zur vollen Zufriedenheit ihrer Arbeitgeber ausführen konnte.

Ich wollte natürlich einen Beweis dafür haben, daß diese drei Leute tatsächlich einmal gelebt hatten. Rita H. teilte mir schließlich mit, sie habe den Grabstein der einen Person finden können. Ein gültiger Beweis ist das natürlich nicht.

Schließlich versuchte ich es mit Hypnose, doch sie wollte meine Vorschläge nicht annehmen; das hieß, daß sie keine leicht zu beeinflussende junge Dame war. Sie war eine sehr ruhige Person, und ich glaubte ihren Angaben, weil sie mit Lügen wirklich nichts gewonnen hätte. Später hat dann ein Arzt in Boston unter Mitarbeit eines Mediums, wie ich hörte, einige Fortschritte gemacht.

Es ist anzunehmen, daß diese Eindringlinge kranke Geister sind, die sich ebensowenig selbst helfen können wie Geister, die am Ort ihres unglücklichen Todes gefangen sind. Es ist jedoch leichter, einen Geist aus einem Haus zu zwingen als eine Geistpersönlichkeit aus dem Geist zu vertreiben.

Ich glaube nicht, daß im Fall Rita H. eine unerkannte Geisteskrankheit vorlag. Wenn ich die Stimmen nicht hörte, heißt das noch lange nicht, daß es sie nicht gab. Diese drei Eindringlinge sind nicht ›Ableger‹ von Ritas Persönlichkeit, sondern es sind drei körperlose Individuen mit eigenen Persönlichkeiten und Wünschen. Die Schwierigkeit liegt in unserem Unvermögen, ihre Existenz durch Apparate zu beweisen, die Energiefelder einwandfrei registrieren – die gibt es noch nicht –, oder sie durch ein Trancemedium auszutreiben. Ein Oszilloskop kann zwar Änderungen in der magnetischen Potenz der Atmosphäre anzeigen, aber nicht individuelle psychische Felder erfassen oder beschreiben.

Wenig später erfuhr ich von einem wesentlich ernsteren Fall, bei dem sich kein guter Ausgang abzeichnet. Es handelt sich um die Frau eines bekannten Verlagsdirektors; sie schrieb, malte, war eine Schönheit, sehr geistreich und in der Gesellschaft sehr beliebt. Körperlich krank war sie nicht, als die Ereignisse begannen; ab und zu nahm sie einen Drink oder auch zwei, aber sie war keine Alkoholikerin und litt nicht unter Depressionen. Sie hatte keine Probleme, aber auch kein Interesse am Okkulten, das sie für Aberglauben hielt.

Eines Tages befand diese Mrs. K. sich im Landhaus einer Verwandten, deren Hobby das Tischchenrücken war. Sie war gut gelaunt und ließ sich herbei, daran teilzunehmen, aber nicht aus Neugier, sondern um ihrer Gastgeberin einen Gefallen zu tun. Anwesend war noch eine Freundin der Gastgeberin, welche die Funktion einer Gesellschafterin ausübte.

Kaum hatte Mrs. K. die Hände auf den Tisch gelegt, da fand sie die Sache auch schon langweilig und stand auf. Dann brachte man das Ouija-Brett, und Mr. K. stieß zur Gruppe. Das Brett schien sich ganz auf Mrs. K. zu konzentrieren, so daß sie schließlich Angst bekam und aufhören wollte, aber ihre Gastgeberin überredete sie, Papier und Bleistift zu nehmen und mitzuschreiben, wenn der Geist das wünschte.

Mrs. K. hielt das für unwahrscheinlich, und sie war dann sehr verblüfft, als der Bleistift wie von selbst etwas auf das Papier kritzelte, das ein verzerrtes Gesicht zu sein schien, vielleicht das eines wahnsinnigen jungen Mannes. Und um die Zeichnung lief eine Schrift: »Ich habe die getötet, die ich liebe«. Das Wort ›getötet‹ war mit solchem Nachdruck geschrieben, daß an dieser Stelle das Papier eingerissen war. Nun sprang Mrs. K. auf, tat einen wilden Schrei, der die anderen mit Angst erfüllte, und Mrs. K. war nun in so tiefer Trance, daß sie lange Zeit nicht mehr normal schien. Danach war sie zutiefst von ihrem ersten Erlebnis des Beherrschtseins erschüttert.

Nun war sie nicht mehr so skeptisch und schwor, niemals mehr das Unheimliche herauszufordern. Doch die Tür, die sie geöffnet hatte, wollte sich nicht mehr schließen. Sie wurde das Instrument einer ganzen Reihe entkörperlichter Persönlichkeiten, die sie als Medium benützten, um sich nach langen Jahren enttäuschenden Vergessenseins wieder mitzuteilen.

Es waren Soldaten, der Architekt des Hauses, ein Gentleman aus dem achtzehnten Jahrhundert und der gewalttätige Mörder, der die psychische Tür aufgemacht hatte. Er war Maler gewesen und begann Mrs. K. so zu beherrschen, daß ihr eigener, liebenswürdiger Stil ganz im gewalttätigen, heftigen des jungen Mannes unterging. Sie konnte keinen Pinsel in die Hand nehmen, ohne unter seinem Einfluß zu stehen.

Dann folgte eine brutale alte Vettel, die Mrs. K. viele Verletzungen beibrachte. Ihr verängstigter Mann ließ sie in jeder Beziehung gründlich untersuchen, doch man bescheinigte ihr eine vorzügliche geistige und seelische Gesundheit. Eine Erklärung für das, was mit ihr geschah, ließ sich nicht finden. Eine Reihe von Psychiatern, die der Parapsychologie freundlich gesinnt waren, versuchte ihr zu helfen – ohne Erfolg.

Als ich sie kennenlernte, versuchte ich die eingedrungene Persönlichkeit zum Verlassen ihres Geistes zu bewegen. Aber mit einem Verrückten läßt sich nicht rechten, und der Kampf war sehr heftig. Es dauerte Monate und bedurfte intensiver und tiefer Hypnose, um sie wieder einigermaßen unter Kontrolle zu bringen.

Persönlich erlebte sie einige Enttäuschungen; sie schrieb und malte sehr gut, aber noch war nichts veröffentlicht oder verkauft. Die Enttäuschung wurde selbstzerstörerisch und trieb sie zum Alkohol. Nun wurde es immer schwieriger, fremde Persönlichkeiten aus ihrem Geist fernzuhalten. Allmählich faszinierte sie die neue Möglichkeit, und sie verwandte viel Zeit auf die Entwicklung ihres medialen Talents. Statt ihre geistige Tür zu schließen, machte sie diese ganz weit auf für alle Persönlichkeiten, die mit ihrer Hand zu schreiben wünschten.

Sie begann zu kränkeln, und trotz aller Kuren besserte sich ihr Gesundheitszustand nicht. Ihr Körper war schon geschädigt. Viele Leute versuchten, ihr zu helfen und die fremden Geister auszutreiben, die sie beherrschten. Heute ist Mrs. K. eine invalide Person, die nicht mehr auf eine merkliche Besserung ihrer Gesundheit hoffen kann. Eine Weile hatte ich bei ihr Erfolg gehabt, als sie aber selbst keinen Wunsch mehr hatte, sich zu wehren, war alle Mühe umsonst.

Diese fremden Persönlichkeiten waren von Mrs. K. als Medium angezogen worden. Sie war ein Naturtalent, wußte jedoch nicht und lernte auch nie, wie sie diese Invasionen kontrollieren konnte, so daß sie ihr nicht schaden hätten können.

Es gibt registrierte Fälle von anscheinend gesunden Leuten, die plötzlich Amok laufen oder nahe Verwandte töten. Sie können meistens keine Gründe für ihre Tat angeben. Viele wissen von einem bestimmten Punkt an nichts mehr, sie haben ›Mattscheibe‹, wie man so bildhaft sagt. Hatte eine andere Persönlichkeit sich ihres Körpers bedient und die schrecklichen Verbrechen begangen? Hatte ein böser Entkörperlichter seine aufgestaute Bosheit und Feindseligkeit durch einen Mann abgeladen, der müde von einer harten Tagesarbeit nach Hause kam? Kein Gericht wird eine solche Erklärung akzeptieren, und doch kann sie wahr sein.

Solche Fälle ereignen sich auch oft unter Alkoholeinfluß. Im alkoholisierten Zustand lockern sich die Bande zwischen bewußtem und unbewußtem Geist, und da hat es eine Geistpersönlichkeit leicht, sich eines fremden Geistes zu bemächtigen. Dasselbe trifft auf das geschwächte Bewußtsein nach Drogengenuß zu und zwar nach medizinischen und psychedelischen, nach Opiaten und Barbituraten.

Jedoch – ohne ASW-Begabung der »Opfer« wären diese schrecklichen Dinge nicht vorgefallen. In solchen Fällen sind ASW eher ein Fluch als eine Gnade, da ja die Betreffenden nicht wissen, wie sie sich zu verhalten haben. Die beste Verteidigung ist eben doch die Kenntnis der menschlichen Fähigkeiten und ein besseres Verstehen der Dualität unserer Welt – Geist und Materie.

Ich habe nie Beweise gefunden für die Existenz der romantischen Welten, die ›Himmel‹ und ›Hölle‹ genannt werden, doch es gibt eine nichtkörperliche, geistige Welt, in der wir so sind, wie wir waren, die Guten also gut, die Bösen böse wie zum Zeitpunkt der Transition. Das heißt nicht, daß sich das später nicht ändert, aber erst einmal sind böse menschliche Wesen dann eben tote Böse, und destruktive Triebe verschwinden nicht deshalb, weil kein Körper mehr zur Verfügung steht. Die Persönlichkeit wird vom Tod kaum verändert.

Es scheint, daß böse Charaktere nur darauf lauern, in einen Lebenden einzudringen, wenn sich ihnen eine Chance bietet. Wehrt man sich von Anfang an dagegen, sind sie machtlos. Man muß ihnen zeigen, daß man geistig und körperlich stark ist, dann lassen sie einen in Ruhe. Beherrschtsein ist eine Straße mit zwei Fahrtrichtungen. Man kann sie vermeiden.

Besessenheit

Besessenheit ist das Gegenteil von Beherrschtsein. Man wird weniger von einem eindringenden Außenseiter beherrscht, sondern man schafft in sich selbst eine Kraft. Beherrschtsein geht von außen nach innen, während sich Besessenheit in einer lebenden Person entwickelt und sich gegen äußere Kräfte und Persönlichkeiten, häufig entkörperlichte, richtet.

Ein typischer Fall von Besessenheit ist der einer jungen Dame, die mit einer entkörperlichten Persönlichkeit während einer Séance in Kontakt kam und sich in diesen Geist verliebte. Die Idee, sich mit ihm zu vereinen, nimmt immer mehr von ihr Besitz, bis der Selbstmord unvermeidlich wird. Ich war selbst Zeuge einer solchen Sache, wenn auch der Selbstmordversuch mißlang. Man kann natürlich einwenden, das sei eine ungesunde, unnatürliche Bindung, die auf einen kranken Geist hinweist, aber das muß nicht unbedingt so sein.

Die junge Dame war hochintelligent und begann diese Beziehung aus eigenem freiem Willen. Sicher empfinden wir das nicht als normal, aber wer kann schon gültig bestimmen, was normal ist und was nicht? Wenn sie in einer Liebesbeziehung zu einem entkörperlichten Wesen Erfüllung findet, so muß auch das Platz finden in der Vielfalt menschlicher Beziehungen. Besessenheit hält sich niemals an Konventionen, aber man kann sich ja auch sonst außerhalb von Konventionen stellen und hat trotzdem noch eine Seele.

Tiefe Trauer kann zur Besessenheit werden. Eine Dame wollte und konnte den Tod ihres Mannes nicht überwinden. Beide waren Spiritisten in Europa, und er hatte an einem wichtigen Buch gearbeitet, das nun unvollendet bleiben sollte, wenn nicht die Witwe in Séancen und mit paranormalen Mitteln die fehlenden Informationen von ihm bekam.

Als sie von meiner Arbeit hörte, bestürmte sie mich, ich solle ihr in Séancen einen Kontakt mit ihrem Mann ermöglichen. Da meine Arbeit die Forschung ist, konnte ich ihr nur versprechen, sie über solche Séancen zu unterrichten, die ihr den Kontakt verschaffen konnten. Alles drehte sich bei ihr fortan um diese Idee, sie vernachlässigte alles andere und machte niemals einen Versuch, mit einem anderen Partner ein neues Leben aufzubauen oder andere Interessen zu finden, die sie irgendwie ausfüllen konnten.

Manchmal begegnet man Personen, die sozusagen ihren eigenen Geist mit sich herumtragen. Es gibt Geister, die eine Person ebenso heimsuchen wie ein Geist ein Spukhaus, und im Grund ist das weder Beherrschtsein noch Besessenheit, denn das Opfer will nur diesen Plagegeist wieder loswerden.

Ein bezeichnender Fall betrifft eine junge Dame von russisch-arabischer Abkunft namens Marika Bortin, die vor wenigen Jahren von Europa nach Amerika kam. Sie ist Film- und Fernsehschauspielerin, macht einen sehr ausgeglichenen Eindruck und sieht aus, als könne sie niemals Liebeskummer haben. Allerdings nur nach außen hin.

Als Kind sagte Marika ständig Ereignisse voraus, die auch wirklich eintrafen. Im Jahre 1950 verirrte sie sich im Londoner Nebel und fand nicht mehr nach Hause. Plötzlich erschien aus dem Nirgendwo dem fünfzehnjährigen Mädchen ein Licht, das sie nach Hause führte.

Bis 1962 passierte ihr nichts Ungewöhnliches, bis sie einmal im Krankenhaus lag. Eine Stimme, die aus dem Nichts zu kommen schien, rief ihren Namen. Im folgenden Jahr hatte sie ihr erstes Erlebnis mit automatischem Schreiben. Einmal war sie am Telefon und hielt einen Bleistift in der Hand, als plötzlich jemand ihren Arm zu führen schien. Sie wußte, daß sie nicht selbst schrieb. Seither hat ihr eine Persönlichkeit, die sich Ortez nennt, wiederholt durch sie selbst geschrieben. Wenn sie sich nachts innerlich gespannt und sehr kalt fühlt, wird ihre Hand zum Schreiben *gezwungen.*

Ich wollte nun sehen, was Ortez mir zu sagen hatte. »Ich bin nicht tot«, schrieb er immer wieder, und er behauptete, er sei griechischer Abkunft, obwohl der Name sicher nicht griechisch klingt. »Ich bin lebendiger als du, ich hasse dich!« schrieb er, als ich ihm sagte, er sei vielleicht aus Spanien oder Puerto Rico, und sein Zorn war so voll Enttäuschung, daß ich den Nagel auf den Kopf getroffen zu haben schien.

Ich fand in Marika keinen Grund für eine derartig ›gespaltene‹ Persönlichkeit. Sie hatte Erfolg, Liebe und brauchte kein solches ›Talent‹, um Aufsehen zu erregen. Deshalb drohte ich Ortez auf schreckliche Art und befahl ihm, Marika zu verlassen, aber es nützte nicht viel; möglicherweise deshalb nicht, weil das Opfer unbewußt Mitleid mit ihm hatte. Da ich von Marika nun lange nichts mehr gehört habe, nehme ich an, daß Ortez sich entweder zurückgezogen hat, oder daß sie sich so weit mit ihm abfand, um das Leben mit ihm erträglich zu finden.

Besessenheit ist immer ein zweiseitiges Schwert: Niemand wird besessen, ohne selbst etwas dazugetan zu haben, wenn auch unbewußt. Der Besessene mag bloß ungeahnte mediale Fähigkeiten haben, die er nicht richtig kontrollierte, oder er hat gewisse Frustrationsprobleme, vielleicht Langeweile mit seinem Leben, und begrüßt daher unbewußt das Abenteuer eines stärkeren Geistes, dessen Instrument er dann wird.

Im Exorzismus, den ich viele Male unternommen habe, dreht es sich darum, nicht nur den »Eingefahrenen« in der anderen Welt von seinem Irrtum zu überzeugen oder ihn mit Gewalt auszutreiben, sondern auch darum, den Besessenen von seiner Mitarbeit zu überzeugen und ihm die Stärke der Erkenntnis als Waffe zu geben, denn er kann ja die Besessenheit selbst beenden, wenn er sich seiner Kräfte voll und ganz bewußt ist. Jedenfalls sind die Teufel und Dämonen, von denen die Kirchen sprechen und die Hollywood in sehr lukrative Filmphantasien verwandelt hat, nicht an der Besessenheit schuld. Sie existieren nur als Überreste mittelalterlicher Kirchenpolitik: »drüben« sind doch nur Menschen, ob gut oder schlecht.

15

Spukhäuser und Geister – die Realität spektraler Phänomene

Viele meiner Leser sind mit meiner Arbeit aus zahlreichen Veröffentlichungen, TV- und Radiosendungen und dergleichen soweit vertraut, um zu wissen, daß meine Spezialität Geisterhäuser sind.

Im März 1966 erforschte ich ein Spukhaus in Staten Island, New York. Mein Medium war Sybil Leek, und als sie in das Haus kam, wußte sie absolut nichts über dessen Probleme.

Schritte waren zu hören, wo niemand ging, Lichter schalteten sich ein, die vorher abgeschaltet waren, es gab Geräusche, für die natürliche Ursachen ausgeschlossen waren und visuelle Eindrücke von einer Frau aus früherer Zeit, die einem der Bewohner des Hauses begegnet war.

Sybil Leek ging sofort zum Dachboden; niemand hatte ihr gesagt, daß dies der Platz im dreistöckigen Haus war, wo es spukte. Sie verfiel dann in tiefe Trance und teilte auf meine Fragen mit, daß sie vergiftet worden sei und das Haus rechtens ihr gehöre. Sie sei Dorothy de Wint und war der Meinung, man lebe noch im Jahr 1780. Seit ihr Vater wieder geheiratet hatte, war sie anscheinend auf den Dachboden verbannt worden, wo sie offensichtlich nicht mehr ganz bei Sinnen war und starb. Sie wußte nicht, daß sie ihren Körper verloren hatte, sondern bestand darauf, der Dachboden sei sowohl ihr Gefängnis wie auch ihre Zuflucht gewesen.

Ihr Vater habe Pieter de Wint geheißen, aber niemand im Haus kannte den Namen. Ich fand schließlich in einem uralten Kirchenregister einen Pieter de Wint, der in Staten Island in der zweiten Hälfte des achtzehnten Jahrhunderts und genau in dem Bezirk gelebt hatte, in dem wir uns befanden.

Ich bezeichne einen Geist als das überlebende emotionelle Gedächtnis einer Person, die plötzlich oder langsam auf tragische Weise zu Tode kam, sich aus der emotionellen Verstrickung nicht frei machen kann und daher an den Todesort gebunden bleibt. Ein Geist weiß meistens nicht, daß er tot oder das ist, was wir einen Geist nennen. Er weiß auch nicht, wieviel Zeit vergangen ist, kennt die Welt um sich herum nicht oder kaum. Immer wieder erlebt er seine Todesangst, seine letzten Qualen, und ist daher wie eine psychotische Persönlichkeit, die der Realität entrückt – unfähig, sich selbst zu befreien.

Nur wenn der Schleier von einem Trancemedium aufgerissen wird, besteht eine Chance, daß man dem unglücklichen Geist helfen kann, in die Welt des Geistes, wie Dr. Rhine es nennt, zu entkommen. Das ist jene nichtkörperliche Welt, in die wir alle nach dem körperlichen Tod eingehen, wenn es sich um einen natürlichen Tod handelt.

Physikalisch gesehen besteht eine Geistpersönlichkeit aus einem elektromagnetischen Feld, das alle emotionellen Impulse oder Stimuli enthält, die sich vor dem Tod angesammelt haben. Bei einem Geist kann ein gewaltsamer oder tragischer Tod alle anderen Erinnerungen auslöschen, bis ein Kontakt hergestellt wird oder die Geistpersönlichkeit sich an ihren Zustand gewöhnt.

Diese Arbeit vergleiche ich mit der eines Psychoanalytikers, obwohl mein Patient nicht auf einer Couch liegt. Er ist dem gewöhnlichen Menschen unsichtbar, jedoch sichtbar und allgegenwärtig dem Parapsychologen. ›Geist‹ bedeutet ›Fremder‹, und vom lateinischen Wort *hostes* ist sowohl das englische Wort *ghost* als auch *host* abgeleitet; folglich auch die heutigen deutschen Worte *Gast* und *Geist.*

Poltergeister

Das Wort *Poltergeist* – es ist in viele Sprachen übernommen worden – bezeichnet einen buchstäblich lärmenden Geist in einem Spukhaus. Die von ihm erzeugten Phänomena – Gegenstände fliegen ohne erkennbare Ursache durch die Luft, Dinge klappern und poltern ebenso grundlos und dergleichen – werden von allen wahrgenommen, nicht nur von einer medial veranlagten Person.

Man nimmt an, daß Kinder vor Einsetzen der Pubertät oder kindlich gebliebene ältere Leute sie mit der Kraft ihrer nicht angezapften Libido erzeugen; durch solche Phänomena wolle ein sich unbeachtet fühlendes Kind irgendwie in den Mittelpunkt rücken. Deutsche Parapsychologen neigen zu dieser Ansicht, doch sie trifft nicht in allen Fällen zu.

Ich habe sogar herausgefunden, daß in der Mehrzahl aller mir bekannten Fälle diese Kraft von intelligenten, vermutlich verschrobenen nichtkörperlichen Wesen *außerhalb* des kindlichen Geistes benützt wird. Das Kind oder der Jugendliche ist nur das Werkzeug, nicht die Ursache dieser Störung.

Merkwürdig ist, daß Gegenstände, die von Poltergeistern bewegt werden, bei der Landung oft warm oder heiß sind, sogar in kalten Gegenden wie Sibirien oder Island.

Psychologische Forscher sprechen von wiederholter spontaner Psychokinese und sind überzeugt, daß meistens ein Kind oder Jugendlicher der körperliche Partner ist. Es sind sehr viele Mädchen darunter; alle waren unter zwanzig, das Durchschnittsalter für Jungen dreizehn, für Mädchen vierzehn.

Nur wenige Forscher glauben an kindliche Bosheit als Ursache von Poltergeist-Phänomena; einige sind der Meinung, die Kinder seien tatsächlich von einem Geist besessen und führten dessen boshafte Weisungen unbewußt aus, seien dabei aber oft von fast krimineller Schlauheit.

Poltergeister sprechen im allgemeinen nicht und verursachen auch kaum einmal ernsthafte Verletzungen bei ihren Opfern. Ausnahme war die berüchtigte Bell-Hexe, die 1821 einen wohlhabenden Farmer in Tennessee ›ermordete‹, nachdem sie ihn vier Jahre lang verfolgt hatte.

Die große Prüfung der Familie Bell begann 1817 mit geheimnisvollen Kratzgeräuschen, die etwa ein Jahr dauerten. John Bell ignorierte sie, doch die schrillen Töne ließen sich nicht überhören; außerdem waren die Vibrationen so stark, daß sie das Haus erschütterten.

Bell wurden im Schlaf die Bettdecken weggezogen; unsichtbare Hände schlugen zu, als ein Freund versprach, die mysteriösen Vorgänge zu untersuchen; auch hilfreiche Nachbarn wurden geschlagen, und unsichtbare Hände rissen ihnen die Hüte von den Köpfen.

Die Geschichte von den unerklärlichen Vorgängen verbreitete sich sehr schnell. Ärzte, Journalisten und Anwälte sahen Bilder von den Wänden stürzen, Stühle in der Luft schweben, Steine vom Himmel regnen.

Eines Tages sprach der Poltergeist mit weiblicher Stimme, die von überallher zu kommen schien: »Ich war einmal sehr glücklich, aber man hat mich unglücklich gemacht.« Der Geist nannte sich Kate, und ihr gehöre der Kieferknochen, den die Bell-Jungen vor kurzem in einem Gehölz bei der Farm ausgegraben hätten, und sie wolle ihn zurückhaben. Obwohl man den Knochen würdig begrub, war Kate nicht zufrieden und sagte vor Zeugen: »Ich will den alten Jack Bell im Grab sehen.« Natürlich erschreckte dies die Anwesenden.

Danach wurde Bell krank, und kein Arzt vermochte die Symptome zu erklären. Seine Zunge schwoll an, und er konnte weder essen noch trinken. Er wurde immer schwächer. Der Poltergeist schikanierte weiter die ganze Familie, nur nicht die zwölfjährige Tochter. Schließlich flehte der gepeinigte Bell den Poltergeist an, sein Leiden zu beenden. Am 9. Dezember 1820 fiel er in ein Koma, von dem er sich niemals mehr erholte.

Man könnte sagen, es habe sich nicht um einen richtigen Poltergeist, sondern um einen Geist gehandelt, der körperliche Phänomena erzeugte, und eine richtige Hexe war die Bell-Hexe auch nicht; sicher nicht, aber der Name blieb ihr.

Poltergeister scheint es häufig zu geben, in unserer nüchternen, aufgeklärten Zeit ebensooft wie vor Jahrhunderten.

Ein katholischer Priester, Pater Terence M. Petry, S.J., schreibt im Magazin *America* vom 30. Oktober 1965 folgendes, für einen Priester recht Offenherziges:

Die Beweise für solche Ereignisse sind überwältigend, wenn auch dann und wann ein Schwindel vorkommt, wenn sich junge, übermütige Leute ein Vergnügen daraus machen, solche ›Erscheinungen‹ hervorzurufen. Ich bin nicht restlos von der Echtheit der mir bekannten Fälle überzeugt, aber es gibt höchst angesehene Leute, die Zeugen solcher Vorgänge wurden.

Die katholische Kirche sagt offiziell nichts über Poltergeister und ihren Ursprung. Manche Leute bezeichnen sie als Teufelswerk. Das ist schwer zu glauben, denn man muß dem Teufel mehr Intelligenz zutrauen, als er in solchen Streichen beweisen würde. Aufgeregte Familien haben Priester zugezogen, denen die Weihwasserflaschen aus den Händen gerissen wurden, und der Inhalt wurde ihnen ins Gesicht geschüttet . . .

Ich selbst meine, diese Phänomena sind nur deshalb möglich, weil lebenden Personen Energie entzogen wird, und die aufgestaute und ungenützte Lebenskraft in Jugendlichen vor der Geschlechtsreife ist natürlich besonders groß, sicher dann, wenn sie etwas zurückgeblieben oder enttäuscht sind und sich nicht richtig verständlich machen können. Diese Leute werden wohl von einer außermenschlichen Kraft – einem Geist, wenn Sie wollen – mißbraucht; ich habe fast immer den Verursacher dieser Streiche gefunden.

Technisch gesehen muß die offensichtliche Umkehrung aller Schwerkraftgrundsätze durch ein ungeheuer starkes Kraftfeld verursacht werden. Entweder schweben schwere Steine nur deshalb langsam dahin, weil das Gebiet, in dem sie sich befinden, in ein Inversionsfeld verwandelt wurde – das vielleicht auch das Prinzip der sogenannten Fliegenden Untertassen ist –, oder ein Geist persönlich trägt sie buchstäblich in unsichtbaren Händen herum. Jedenfalls sind schwebende Steine eine paranormale Erscheinung.

Ich selbst kenne einen Mischfall zwischen ›Geist‹ und ›Poltergeist‹. In Rye, New York, steht ein viktorianisches Haus, das dem Architekten Smythe und seiner Frau, der berühmten Malerin Molly Guion, gehört. Beides sind nüchterne und vernünftige, intelligente Leute, aber sie baten mich doch, ihnen unerklärliche Ereignisse zu erforschen.

Anfangs waren Schritte zu hören; Türen öffneten und schlossen sich selbständig, und von Woche zu Woche mehrten sich diese Erscheinungen wie auch die Anzahl der Zeugen, die sie miterlebten. Der Geist schien die Anwesenheit der Smythes in dem ehemals ihm gehörigen Haus zu mißbilligen. Ich sage ›ihm‹, denn ich brachte verschiedentlich Ethel Meyers und Sybil Leek mit, die direkten Kontakt zu ›ihm‹ herstellten.

Eines Sonntags saßen das Ehepaar Smythe und seine Mutter in der hellen, sehr großen Küche beim Abendessen, als sich ein schweres Fleischmesser von einem etwa zwei Meter entfernten Tisch erhob, einen unnatürlichen Bogen beschrieb und sich vor ihnen auf den Boden warf. Dann flog ein Aschenbecher, der mitten auf dem Tisch stand und von selbst nicht herabfallen konnte, durch die Luft und knallte auf den Boden. Sicher war das kein drohender Geist, sondern einer, der Aufmerksamkeit verlangte. Ich ging damals sofort hinaus, und seither herrscht Frieden im Haus, wenn auch ab und zu noch eine leise sich schließende Tür zu hören ist.

Ich weiß auch von plötzlichem Frösteln, von eiskalten Stellen in einer sonst warmen Umgebung und ähnlichen Dingen. Sie werden nicht von Draculas hervorgerufen, um Menschen zu erschrecken, sondern sind natürliche Phänomena, die auf die Anwesenheit einer psychischen Energie oder elektromagnetischer Felder hinweisen. Wo immer in einem Haus ein Geist ist, wird auch das Hauptfeld seiner Tätigkeit kalt und klamm sein, und selbst Menschen ohne jede mediale Fähigkeit fühlen das. Eine atmosphärische Veränderung in einem Raum ruft oft ein Frösteln hervor. Solche Veränderungen sind oft elektromagnetische Störungen und können von sensitiven Instrumenten gemessen werden.

So war es zum Beispiel einem außergewöhnlich skeptischen Ingenieur möglich, mit einem Geigerzähler eine Strahlenzone festzustellen, als er den Raum betrat, in dem ein Spukgeist umgehen sollte. Für die Reaktion des Gerätes gab es sonst absolut keinen Grund, und der Ingenieur ist jetzt nicht mehr ganz so skeptisch.

Auch wenn ein Trancemedium Kontakt mit einem Geist aufnimmt, verändert sich auf jedem Thermometer meßbar die Temperatur. Der Wärmeverlust kann bis zu drei Grad C betragen. Ein Medium verliert während einer Tranceséance in der Regel einige Pfund an Gewicht, doch die werden meistens innerhalb weniger Stunden wieder ersetzt. Sicher ziehen Geister Energien aus lebenden Körpern, um sich leichter manifestieren zu können. Dabei wird wohl Flüssigkeit verbraucht.

Geister sind Leute

Die Frage, was Geister denn eigentlich seien, ist so alt wie die Menschheit. Wir wollen religiöse und phantastische Erklärungen nicht in Betracht ziehen, weil sie sich auf unbewiesene Vermutungen stützen. Wir verfolgen zwei Haupttheorien:

Geister sind entweder selbst Menschen, deren Vernunft durch den Schock des Todes gelitten hat, oder sie sind Bilder oder Eindrücke von Menschen, die durch die Welt gegangen, aber nicht mehr da sind.

Jener Teil der Parapsychologen, denen die Theorie des Weiterlebens über den Tod hinaus Unbehagen verschafft, ziehen die zweite Erklärung vor. Sie setzen sich damit nicht in Widerspruch zu heutigen wissenschaftlichen Erkenntnissen und zur Religion, und überdies lehrt man den Durchschnittsmenschen, daß es keine Geister gebe.

Der deutsche Parapsychologe Dr. Hans Bender, ein hochgebildeter Forscher, gab bei einer kürzlichen Konferenz in seinem Institut für Grenzwissenschaften in Freiburg, an der ich teilnahm, freimütig zu, daß er von der Wirklichkeit der Geister überzeugt sei. Ein wenig zögernd fügte er dann jedoch hinzu, Geister seien vielleicht nur die Hüllen früherer Menschen, ohne Eigenleben und in einem emotionellen Ausbruch zurückgelassen, damit also in den ›Äther‹ graviert.

Beide Erklärungen sind korrekt, obwohl keine allein alle beobachteten Fälle zu erklären vermag, während sie es zusammen tun.

Zum Glück nimmt die Zahl respektabler Forscher, welche die Existenz von Geistern akzeptieren, ständig zu. So stellt Professor Hornell Hart von der Duke University fest, »Erscheinungen von Toten sind tatsächlich jene, die sie zu sein behaupten«; mit anderen Worten: *Geister sind Leute.*

Dr. Robert Laidlow, ein sehr geachteter Psychiater und Parapsychologe, und der kürzlich verstorbene Dr. Nandor Fodor haben über Geister ausgedehnte Forschungen angestellt und eine reiche Tatsachenliteratur zusammengetragen.

Ein Lieblingswort alter Forscher bei der Beschreibung von Erlebnissen, die sie sehr gerne für rein subjektiv und ohne jeden objektiven Wert darstellen wollen, ist ›Halluzination‹. Dieses Wort wenden sie auch an, wenn sie von einem Geist oder der Erscheinung eines Toten sprechen. Aber das ist absurd.

Wenn immer möglich, dokumentiere ich die Tranceinformationen meines Mediums mit Namen, Orten, Situationen und charakteristischen Einzelheiten durch spätere Nachforschungen in Bibliotheken und Grund- und Kirchenbüchern. Auch hier haben mich einige Fälle überzeugt, daß es Geister gibt, daß sie wirklich sind und immer sein werden, wenn auch manchen Leuten lieber wäre, es gäbe sie nicht.

So hat mir einmal ein Kleriker erklärt, in dessen Haus, wie ich von Zeugen erfuhr, ein Geist umging: »Es tut mir leid, aber in *meinem* Haus gibt es keine Geister.«

Im Octagon, jetzt Amerikanisches Institut für Architektur, zeitweise Weißes Haus, nachdem zu Beginn des neunzehnten Jahrhunderts die Engländer Washington niedergebrannt hatten, spukt es, und natürliche Erklärungen dafür sind nicht zu finden.

Ein Colonel Taylor hatte das Haus für seine Tochter gebaut, die bei ihm in Ungnade fiel, als sie einen ›falschen‹ Ehemann mitbrachte. Der Vater sagte »nein«, und die Tochter sprang vom dritten Stock und lag zerschmettert am Fuß der Treppe. Seither wurden viele Jahre lang Geister beobachtet. Der Kurator, eine Mrs. May, sah den großen Kronleuchter weit ausschwingen und hörte allerhand Geräusche, auch wenn sie ganz allein im Gebäude war. Einmal führte sie Besucher ins oberste Stockwerk, das sonst dem Publikum nicht zugänglich war und auch nie betreten wurde. Der Boden war dick mit Staub bedeckt, aber die Eindrücke menschlicher Füße waren unverkennbar. Sie führten genau zu jener Stelle, von der aus das Mädchen in den Tod gesprungen war.

Der Verwalter des Instituts, Alric H. Clay, glaubt noch immer nicht an das, was er selbst erlebt hat. Er fuhr mit seiner Familie am Haus vorbei, als er sah, daß alle Fenster hell erleuchtet waren, obwohl er ein paar Stunden vorher persönlich das Haus abgeschlossen und vorher garantiert alle Lichter ausgeschaltet hatte. Er ärgerte sich und betrat das Haus, fand aber alle Schlösser unversehrt vor. An der Stelle, wo das zu Tode gestürzte Mädchen gelegen hatte, war der Teppich ein Stück umgeschlagen. Er ging in den Keller, wo sich die Hauptschaltanlage befand. Plötzlich hörte er deutliche Schritte über seinem Kopf im Erdgeschoß. Das regte ihn so auf, daß er, vor Schreck unachtsam, sich um ein Haar am Hauptschalter selbst durch einen Stromstoß getötet hätte.

Ein andermal schloß Clay das ganze Haus nach einem späten Empfang ab. Er überzeugte sich davon, daß niemand mehr im Haus war, drehte alle Lichter ab, sperrte die Haustür zu und ging. Er hatte den einzigen Universalschlüssel, den es gab. Um drei Uhr morgens riß ihn die Polizei aus dem Schlaf, weil das ganze Haus hell erleuchtet und die Haustür offen sei. Alles wurde in Anwesenheit der Polizisten abgesperrt, und das Haus lag dunkel da. Um sieben Uhr stand die Haustür erneut weit offen, und alle Lichter brannten. Fingerabdrücke an Türen, Türklinken oder Schaltern wurden nicht gefunden.

Ich habe sehr viele Fälle von Geisterhäusern in Cleveland, Pittsburgh, Boston, New Hampshire, Virginia, aber auch in Europa studiert und dabei ein ziemlich einheitliches Muster herausgefunden.

Die Leute, mit denen ich spreche, kennen einander nicht und wissen meistens auch gar nichts über Parapsychologie. Und doch erzählen sie alle Geschichten, die in den großen Rahmen genau passen und sich verdichten, wenn man sie wissenschaftlich befragt. Die Wissenschaft geht davon aus, daß Zeugenaussagen von vielen, die identisch oder sehr ähnlich sind, den Ergebnissen entsprechen, die mit gezielter Arbeit im Labor erreicht werden. Geister tragen zu Laborexperimenten nichts bei; da sie aber Manifestationen menschlicher Persönlichkeiten sind, haben sie mit den Menschen auch einiges gemeinsam, besonders den verzweifelten Wunsch, sich anderen mitzuteilen und die Welt des Fleisches von ihrer Existenz und ihren Kümmernissen zu informieren.

Alle Poltergeisterscheinungen dienen einem Zweck: uns ›Außenseiter‹ wissen zu lassen, daß diese Schatten noch Wesen sind und unsere Hilfe brauchen. Ich erforsche nicht nur Spukhäuser, ich helfe den Wesen der anderen Welt aktiv, damit sie in glücklichere Jagdgründe hinüberwechseln können, die von manchen Religionen ›Himmel‹ genannt werden, während die Parapsychologen von einer nichtkörperlichen Welt sprechen.

Gespenster im Spukhaus

Wenn man nun schon in einem Spukhaus wohnt, darf man sich deshalb nicht das Leben verunglimpfen. Erstens wird ein Spuk oder Gespenst Sie nicht verletzen (denn die sind viel zuviel mit ihren eigenen Problemen und Rätseln beschäftigt). Zweitens können Sie dem doch nachgehen. Zuerst einmal müßte festgestellt werden, ob jemand in dem Haus auf tragische Weise ums Leben kam oder sonst irgendwie lange gelitten hat. Wenn Sie selbst die Phänomene erleben, ob nun Sichtphänomene oder nur hörbare, wie Fußtritte oder sonstige Geräusche, dann sprechen Sie einfach den Unbekannten an, als ob er ein leiblicher Besucher wäre: Fragen Sie, ob Sie ihm helfen können. Versichern Sie ihm, daß Sie ein Freund sind und ihm helfen möchten, seine Probleme zu lösen. Wenn Sie religiös sind, zünden Sie eine Kerze an und weihen Sie sie ihrem Gespenst. Doch wirkt das nur, wenn der Geist religiös ist: letzten Endes nehmen wir nur das an, was wir annehmen *wollen*, ob hier oder »drüben«!

Schließlich sagen Sie ihm, daß dieses nun Ihr Haus ist und er seine Familie suchen soll – und das kann er am besten tun, wenn er die Namen seiner Angehörigen ruft. So können Sie ihn »hinüber« geleiten. Phantasien? Keineswegs. Ich habe oft gesehen, daß es und ein Spukhaus danach zur Ruhe kamen.

Ich habe bei meiner Arbeit notgedrungen einen hohen Grad von Intuition entwickelt. In halbdunklen Séanceräumen sah ich weißliche Umrisse ebenso wie in angeblichen Spukhäusern. Die menschliche Persönlichkeit ist Energie, und ich spürte das magnetische Feld einer Anwesenheit. Eine tatsächliche körperliche Berührung habe ich jedoch erst 1964 gespürt, als ich nach Connecticut reiste zu einem ganz primitiven Ort in den Bergen, wo es weder elektrisches Licht noch Telefon gab.

Das alte, einfache Haus auf dem Mount Riga liegt ca. 500 Meter hoch und wurde im Jahr 1754 von einer Familie Thurston erbaut. Die gegenwärtigen Besitzer sind keine Geisterfreunde, haben aber freimütig von Schritten erzählt, von Türen, die sich öffneten und schlossen und vom raschen Geräusch eines Webstuhls, das aus einem jetzigen winzigen Gästezimmer kommt, welches früher als Webkammer diente.

Ich stand mitten im Hauptraum, als mich jemand am Ellbogen berührte. Jemand griff also nach meinem Arm. Ich drehte mich um, doch es war niemand da.

Dem Besitzer, der im Nachbarzimmer war, erzählte ich das. Er nickte mitfühlend und sagte: »Das wird Grandma Thurston gewesen sein. Das tut sie mit allen Fremden. Sie verlangt Aufmerksamkeit, denke ich.«

Die Dame aus dem achtzehnten Jahrhundert scheint des Glaubens zu sein, das Haus gehöre ihr. Manchmal wird einem, der ein Tablett mit Gläsern trägt, dieses Ding aus der Hand geschlagen, denn Grandma Thurston war eine Puritanerin und verabscheute Alkohol.

Etwas Nettes erlebte ich am 28. Juli 1960. Ich besuchte die sehr behagliche und elegante Wohnung von Jack und Lillian Becker in Manhattan. Beide sind vernünftige, reife Leute, die sehr häufig Klopfgeräusche im Schlafzimmer hörten, für die es trotz allen Suchens keine natürliche Erklärung gab.

Mrs. Ethel Johnson Meyers war mein Medium. Kaum waren wir da, als Mrs. Meyers hellseherisch zwei alte Damen sah, welche die Wohnung vor den Beckers bewohnten. Nun ›unterhielten‹ sich eine gute Viertelstunde lang unsere Poltergeistfreunde sehr angeregt mit Mrs. Meyers und mir. Sie beantworteten Fragen, und als Mrs. Meyers die Namen Horace und James rief, die sie hellseherisch wußte, wurde das Klopfen zu einer menschlich-stürmischen Kundgebung.

Ich verlangte dann, das Klopfen müsse aufhören, damit die Beckers schlafen könnten. Es folgte ein Moment des Schweigens, als überlege sich der Geist etwas; dann kam ein trotziges Klopfen – dann nichts mehr. Die Beckers haben bis heute Ruhe.

Manche Leute sagen, sie würden an Geister glauben, sähen sie selbst einmal einen. Nein, das würden sie nicht, und sie glauben auch nicht daran, daß sie je einen sehen. Der Gedanke, daß ihre Skepsis sie vor einer Auseinandersetzung mit dem Unheimlichen bewahrt, ist viel zu bequem.

Einer unter zehn Menschen ist sich im Lauf seines Lebens außersinnlicher Wahrnehmungen bewußt. Es könnte also angenommen werden, daß der eine oder andere Skeptiker doch noch zu seinem Geist kommt. Ich selbst habe Zeitungswissenschaften studiert, und in der Welt der Zeitung gelten nur Tatsachen. Es war aber immer eine sehr große Befriedigung für mich, wenn ich Zeugenaussagen von Leuten überprüfen konnte, die ASW-Erlebnisse hatten. Ich war nicht gierig nach Erlebnissen aus erster Hand, hoffte aber, doch eines Tages einen ›persönlichen‹ Geist zu sehen.

Viele Jahre später, als ich schon Parapsychologe geworden war, erschien mir eine Person, die gestorben war. Die Umstände machten die Rückkehr des Toten logisch und zeitlich gesehen genau richtig.

Es war im Jahr 1955. Ich schlief. Mein Kopf glitt dabei vom Kissen und hing aus dem Bett. Da ich unter niedrigem Blutdruck leide, hätte ich mit tagelangem erheblichem Unwohlsein rechnen müssen, wäre ich länger in dieser Stellung geblieben. Da fühlte ich plötzlich meinen Kopf von einer sanften Hand auf das Kissen zurückgeschoben. In dem Moment wachte ich auf. Der Mond schien hell durch das breite Fenster, und in seinem Licht sah ich ganz klar und deutlich meine verstorbene Mutter in einem langen, weißen Gewand neben meinem Bett stehen. Als ich dann hellwach war, löste sie sich in Luft auf. Ein Traum? Nein. Träume werfen keine Schatten, und genau das hatte meine Mutter getan. Sie kam, als ich sie brauchte, und ich war sehr dankbar dafür.

Es ist nicht nötig, daß ein Forscher eigene Erlebnisse hat, aber ein Schaden ist es ganz gewiß auch nicht, denn damit wird demonstriert, daß wir alle einmal eine Begegnung mit dem Unheimlichen haben oder unseren Extrasinn entwickeln können.

Ich bediene mich der bemerkenswerten medialen Talente einer Ethel Meyers und Sybil Leek, um die Wirklichkeit der Geister zu beweisen. Bewußter und unbewußter Betrug wird sorgfältig ausgeschlossen, so daß mein auf diese Weise gewonnenes Material auch der rigorosesten Nachprüfung standhält. Es läßt sich nicht widerlegen, daß die Person, die durch den Mund des Mediums zu mir spricht, der Geist ist, dem ein Unrecht getan wurde, der noch etwas vollenden muß und der in der Lage ist, seinen Kummer mit einem anderen Menschen zu besprechen.

Eine bessere Erklärung für das, was ich mit meiner Methode erreiche, hat noch keiner gefunden. Wenn jemand von der ganzen Prozedur nichts weiß oder versteht, mag er darüber lächeln. *Die Wissenden tun das nie.*

Geister vor der Kamera

Ich bin der Meinung, man könne und müsse die Existenz von Geistern mit Geräten aufzeichnen, um den Vorwurf der Halluzination oder der Phantasie von vornherein zu entkräften. Maschinen lügen nicht.

Geeignet erschien mir dann die Kamera, denn ich war überzeugt, Geister seien Vibrationen oder elektromagnetische Strahlungen, die sich auf einem hochempfindlichen Film festhalten ließen.

Ich benutzte dazu eine Zeiss Super Ikonta B, Linse 2.8 und dazu den empfindlichsten Schwarz-Weiß-Film, Agfa Record Isopan, der viermal lichtempfindlicher ist als der gewöhnlich von Photographen für Innenaufnahmen benützte Film. Das war deshalb wichtig, weil ich ja kein Blitzlicht verwenden kann und andere sehr starke künstliche Beleuchtung ausschalten muß, da sie die delikate Strahlung vernichten könnte. Außerdem muß ich jede Spiegelung und ähnliche Möglichkeiten ausschalten, wollte ich wirklich einmal einen Geist photographieren.

Zu bemerken ist noch, daß meine Kamera mehrfach geprüft lichtsicher ist, und ein Spezialverschluß verhindert zuverlässig eine Doppelbelichtung. Ich lasse die Kamera in kurzen Abständen überprüfen und verwende nur ganz frisches Filmmaterial. Entwickeln lasse ich die Filme nur in erstklassigen Labors, so daß fehlerhafte Geräte also nicht beschuldigt werden können, die Ursachen für die Bilder zu sein, die ich eingefangen habe. Selbstverständlich weiß ich erst immer *nach* dem Entwickeln des Films, ob ich einen Geist photographiert habe.

Meinen ersten Geist photographierte ich 1964 in Los Angeles, als ich in ein Geisterhaus gerufen wurde; es liegt in einem ruhigen Wohnviertel der Stadt. Im Schlafzimmer waren häufig Geräusche einer sehr wilden Geisterparty zu vernehmen, und in diesem Raum hatten zwei Leute den Tod gefunden, als sich zwei Männer um ein junges Mädchen stritten.

Um vier Uhr nachmittags stellte ich die Kamera im leeren Raum auf. Das Licht, das durch die Fenster fiel, genügte, und ich belichtete zwei Sekunden. Zu meinem Staunen war auf einem der Bilder die transparente Figur eines jungen Mädchens zu erkennen, die neben dem Fenster stand und eine Art Negligé trug. Mit dem bloßen Auge hatte ich nichts gesehen. An den Fenstern hingen keine Gardinen. Im Nachbarzimmer saß Mrs. Bell, ein Medium aus der Stadt, und vielleicht hat ihre Anwesenheit die Transmission dieses Geisterphotos ermöglicht.

Einige Monate später war ich mit meiner Frau Catherine in England und besuchte die Winchester Cathedral. Ich hatte gehört, daß eine größere Anzahl von Menschen in dieser alten Kathedrale eine Geisterprozession von Mönchen gesehen habe. Dabei hatte doch Heinrich VIII. um 1500 die Mönche vertrieben und viele von ihnen an Ort und Stelle hinrichten lassen. Seither hatte kein Mönch mehr den Fuß in jene Kathedrale gesetzt. Die Lewisham Forschungsgesellschaft hatte in ihren Unterlagen einige erstaunliche Schnappschüsse eines Amateurs namens T. L. Taylor, auf denen transparente Gestalten im Chorgestühl saßen, ›das gar nicht da war‹.

Wir waren ganz allein in der riesigen Kirche, als ich die Kamera aufstellte. Draußen ging ein Wolkenbruch nieder. Es war elf Uhr nachts, und die Geisterstunde war – traditionsgemäß – nahe, doch Geister haben keine Uhren.

Auf einem der vier Bilder erschienen ganz deutlich drei Mönche in Kapuzenkutten, die so in einer Prozession gingen wie um das Jahr 1500. Es ist interessant festzustellen, daß ihre Köpfe eigentlich etwas höher erscheinen müßten, als sie sichtbar sind, doch ich stellte wenig später fest, daß der Boden der Winchester Cathedral hundert Jahre nach der Austreibung des letzten Mönches angehoben worden war.

Ich hoffe, daß es bald Filmgeräte und Filmmaterial zu kaufen gibt, mit denen man die sensitiven Emanationen, aus denen Geister bestehen, einfangen kann.

Einstein hat bewiesen, daß Energie nicht vernichtet, sondern nur umgeformt werden kann. Wenn das Leben selbst eine Energieform ist, Geister aber menschliche Wesen in emotionellern Schwierigkeiten sind, dann müßten unter wissenschaftlichen Testbedingungen auch weitere Geisterphotos möglich sein.

Ich finde sie außerordentlich wichtig, da sie eine Möglichkeit darstellen, die Existenz von Geistern in einem für das nackte Auge leeren Raum zu beweisen. Aber es gibt noch eine andere Hilfe, die gewöhnliche Photofilme oder Filmpapiere leisten können – ohne oder mit Kamera und in Anwesenheit einer sensitiven Person, die man als photographisches Medium bezeichnet. Das ist eine ziemlich seltene Gabe.

Diese Arbeit wurde von Anfang an als Betrug hingestellt. Bis heute lehnen noch viele ernsthafte Forscher ab, darüber auch nur zu sprechen. Nun, ich kann nicht beschwören, daß die in meiner Abwesenheit zustande gekommenen Bilder echt sind, für die, welche ich selbst beobachtet habe, kann ich jedoch garantieren.

Dr. John Myers, ein in London geborener Industrieller, ist wahrscheinlich das berühmteste Photomedium; er arbeitete als Zahnarzt, bis er zufällig seine Fähigkeit entdeckte, solche Photos zu erlangen.

Meinen ersten Beweis von Myers Begabung erhielt ich bei einer experimentellen Sitzung in seiner New Yorker Wohnung. Außer dem inzwischen verstorbenen Danton Walker von der *New York Daily News* waren noch einige weitere Leute anwesend.

Walker und ich öffneten zusammen einen gewöhnlichen Pack Photopapier, das wir mitgebracht und unausgesetzt überwacht hatten. Myers saß in Semitrance in einer Zimmerecke.

Als das Papier in den Entwickler kam, formten sich sofort Bilder, die ganz gewiß nicht schon vorher da sein konnten, da das Papier niemals dem Licht ausgesetzt worden war oder beschädigt worden sein konnte. Einiges ließ sich als Gesichter und Gestalten erkennen, anderes als Buchstaben und Symbole. Einige Blätter waren leer.

Als sie trocken waren, untersuchte ich sie genauer. Zu meinem Staunen entdeckte ich ein Gesicht, das dem einer Tante glich, die 1940 gestorben war. Ich hatte viele Jahre lang nicht an sie gedacht, und Myers hatte selbstverständlich keinen Zugang zu meinem Familienalbum.

Bei einer ähnlichen Gelegenheit produzierte Myers das Bild eines Kindes eines Anwesenden, das vor mehreren Jahren gestorben war. Solche Experimente wurden mit Mike Wallace vom Fernsehen vor der Kamera wiederholt. Wallace war ein sehr skeptischer Beobachter.

Er hatte lichtempfindliches Papier mitgebracht und selbst in Verwahrung behalten; vor einigen Millionen Fernsehzuschauern öffnete er das Päckchen und steckte ein Blatt nach dem anderen auf Myers' Anweisung schnell in den Entwickler. Einige Köpfe ließen sich erkennen, einige Arme, einige nicht genau erkennbare Umrisse, aber nichts von alldem konnte *an sich* auf dem Papier sein, da es nie dem Licht ausgesetzt gewesen war. Die Regeln der Photographie sind ja bekannt.

Nach dem Entwickeln wurden die Blätter getrocknet. Da entdeckte ich, daß eines der Bilder ein sehr klares Porträt meiner Mutter war, die 1954 starb. Ich konnte dieses Bild mit einem Photo aus dem Familienalbum vergleichen; sie trug den gleichen Mittelscheitel, auf einer Wange einen dunklen Punkt und hatte auf beiden Bildern die gleiche Nasenform. Einige Familienmitglieder, die keine Ahnung von der Entstehung des Bildes hatten, erkannten sie sofort.

Und die Erklärung? Meyers' Körper ist die ›Kamera‹, durch die Entkörperlichte Gedankenbilder von sich selbst auf das energie-sensitive Papier werfen können. Das scheint ihnen leichter zu fallen als imaginäre Darstellungen zu produzieren. Deshalb sind auch viele mediale Photos tatsächlich Reproduktionen von existierenden Bildern oder Photos. Gerade das lastet man diesem medialen Zweig an, aber es ist kein Beweis für einen Betrug *per se*, sondern nur dafür, daß Betrug auch hier möglich ist.

Aber Myers ist nicht das einzige Photomedium.

Betty Ritter hat zum Beispiel einmal ein spiritistisches Medium photographiert, das im Moment Kontakt hatte mit einem Mann, der im Leben ein Bein verloren hatte. Um seine Identität zu beweisen, fügte der Kommunikator ein weißes ektoplastisches Bein an den Körper des Mediums, das Betty eben photographierte.

Der sehr geachtete Forscher F. W. Warrick hat seine Entdeckungen auf dem Gebiet psychischer Photographie, vor allem aus Sitzungen mit dem Medium Mrs. Deane, unter dem Titel *Experiments in Psychics* veröffentlicht. Es ist ein bemerkenswertes Buch, das peinlich genaue Photodokumente bringt. Jeder, der die Möglichkeit einer solchen Arbeit anzweifelt, sollte dieses Buch lesen, und wenn er die Bedingungen durchliest, unter denen die Photos gemacht wurden, kann er nur überzeugt sein, daß kein Betrug möglich war.

Ich möchte noch von einem ASW-Erlebnis sprechen, von der sogenannten Halluzination Sterbender, die von Dr. Karlis Osis von der *American Society of Psychic Research* gründlich erforscht wurde.

Viele Menschen im Endstadium ihres körperlichen Lebens, die aber noch geistig voll da waren, haben gesagt, sie sähen die Erscheinungen toter Verwandter an ihrem Bett. Diese Leute sind gekommen, sie ›zu holen‹ und ihnen den Übergang zu erleichtern. So könnte etwa ein Mann seiner sterbenden Frau erscheinen; in vielen Fällen glich die Beschreibung dieser Erscheinungen dem bekannten Aussehen dieser Personen, als sie noch lebten.

Ich kann mir vorstellen, daß Tote kommen, um einen noch Lebenden abzuholen. Wenn der Tod nichts anderes ist als eine Umwandlung, als ein Übergang von der schweren Welt der Materie in die leichtere des Geistes, dann braucht der Durchschnittsmensch sehr wohl einen Führer.

Ich finde den Gedanken tröstlich, daß die nichtkörperliche Welt sich um uns sorgt und uns diesen Dienst leistet. Mir scheint, die vor uns gegangen sind, wurden mit der Aufgabe betraut, denen zu helfen, die sich erst an die Fortsetzung des Lebens in der anderen Welt anpassen müssen.

16

ASW und psychische Heilkräfte

Psychische Heilung ist so alt wie die Menschheit. Körperliche und seelische Leiden werden durch die Kraft des Geistes oder mindestens durch Kräfte geheilt, die noch nicht als körperlich im gewöhnlichen Sinn erkannt werden.

Priester oder Laienpriester waren die ersten psychischen Heiler. Um den Glauben des Patienten zu stärken, wurde das Geschehen mit einem Mantel des Geheimnisses umgeben.

Heutzutage ist es ungeheuer wichtig, ob ein Patient seinem Arzt vertraut oder nicht. Der Glaube versetzt vielleicht keine Berge, aber er kann ganz gewiß den Gesundungswillen des Patienten und damit seine Abwehrkräfte gegen Krankheiten stärken. Die Ergebnisse sprechen ja für sich.

Heilung durch Handauflegen

Die Spiritisten sagen, Gott heile durch die Hand des Heilers, wenn dieser den Körper des Patienten berühre.

Schulmediziner sprechen von unerwarteten Remissionen. Aber es gibt Krankheiten, die nicht einfach aus sich heraus verschwinden können, die aber von Heilern geheilt wurden.

Man erklärt sich die Wirkung so: Ein Heiler konzentriert seine seelischen Energien in seine Hände, bewegt sie langsam über der kranken Körperzone und ›brennt damit die erkrankten Teile der Aura oder des magnetischen Feldes aus‹. Die Lücke wird mit gesunder Energie aufgefüllt, und sobald der innere Körper seine perfekte Gesundheit zurückerhalten hat, muß auch der parallele äußere Körper mitziehen. Die Krankheit wird sofort gebannt oder so schnell, wie die Zellen Schritt halten können mit den Befehlen des inneren Körpers.

Ich weiß, daß diese Kraft des Heilens bei Menschen mit sehr großer Vitalität vorhanden ist; sie muß so groß sein, daß sie etwas davon abgeben können, um weniger glückliche Mitmenschen zu heilen. Auf sehr bescheidene Art ist es mir schon einmal gelungen, Kopfschmerzen zu heilen oder auch ein schmerzendes Gelenk zu bessern. Ich konzentriere meine Gedankenenergien auf die schmerzende Zone und streiche ganz sanft, aber ohne sie zu berühren, mit den Händen darüber. Reagiert der Patient, dann empfindet er Wärme in dieser Zone, die über die normale Körperwärme der Hand, die darüberstreicht, weit hinausgeht.

Wenn man glaubt, daß man wirklich ungewöhnliche Heilkräfte besitzt, so gilt auch hier das, was von der ASW im Allgemeinen gilt: je mehr man sie »trainiert«, desto intensiver wird sie. Natürlich heißt das nicht, zwanzig Leute am Tage zu heilen, sondern man muß sich zwischen jeder Heilbehandlung auch ausruhen, die Hände gut mit Salzwasser waschen und eventuell Atemübungen machen, um die verbrauchten Energien wiederherzustellen.

Bei der Heilung selbst stellt man sich vor, daß man die kranke Person schon ganz gesund »sieht«, also geistig die Heilung bereits annimmt. Dasselbe soll der Patient auch tun, aber sonst braucht er keinerlei ungewöhnlichen Glauben zu zeigen oder sich selbst etwas einzureden, was nicht zutrifft. Heilen ist keineswegs Autosuggestion. Am besten ist es, wenn Heilbehandlungen ein-, zweimal wöchentlich zur selben Stunde vorgenommen werden, obzwar manchmal auch eine einzige genügt. Jeder Fall ist anders, jeder Heiler hat andere Veranlagungen, und nur die Erfahrung lehrt, was für ihn oder sie am besten Erfolg bringt. Überwachung durch einen »normalen« Arzt vor und nach der Heilbehandlung empfiehlt sich, damit etwaige Erfolge auch richtig festgestellt werden können.

Es gibt Menschen, die absolut kein Interesse an ASW, wohl aber die Gabe des Heilens haben. Sie werden sich erst darüber klar, wenn ihnen wiederholt gesagt wird, daß ihre Hände einen wohltuenden Einfluß ausübten. Wie auf anderen Gebieten des sechsten Sinnes ist es auch hier wichtig, diese Fähigkeit zu üben. Hat man sie erkannt, sollte sie auch angewandt werden. Damit verstärkt sie sich auch immer mehr.

Die Kunst des richtigen Denkens

Um psychisch heilen zu können, muß man lernen, sich aus der äußeren Welt zurückzuziehen, damit die innere Welt wenigstens zeitweise die Lebensfunktionen übernehmen kann. Ein gebrochenes Bein läßt sich natürlich mit psychischer Energie nicht leicht heilen, aber für andere Beschwerden kann sie ungeheuer wirksam sein. Ich bin überzeugt, daß Krankheit ein Zustand der Disharmonie ist, in den diese Person entweder durch eigenes Unvermögen oder durch andere geraten ist. Einen solchen Zustand darf man aber nicht einfach andauern lassen.

Sicher gibt es Viren und Bakterien, aber sie sind immer im menschlichen System anwesend. Diese Krankheitserreger sind aber in den meisten Fällen so lange nicht wirksam, als ihr Träger körperlich, geistig und seelisch ausgewogen ist.

Ist durch negative Emotionen oder ungutes Denken – angefangen beim Haß bis zu Angst, Enttäuschung, Langeweile und Depression – dieses empfindliche Gleichgewicht gestört, wird der Mensch krank. Die richtige geistige Einstellung mobilisiert den Genesungswillen und bringt die Gesundheit zurück.

Die große Frage unseres Zeitalters ist *die Kunst des richtigen Denkens*. Sie ist der Schlüssel zu Glück, Gesundheit und Erfolg in allen Sphären menschlichen Lebens.

Der Gedanke ist ein elektromagnetischer Impuls, ein kleines Stück Energie, die im Geist, nicht im Gehirn entsteht; der Gedanke ist der Träger eines Bildes (Hören oder Sehen) oder einer Idee. Ist der Gedanke für den Schöpfer selbst geschaffen, so wird der Impuls aus dem Geist in alle Richtungen gehen und möglicherweise von einem empfangsbereiten Geist aufgefangen. Dieser Geist muß ›nahe genug‹ sein; damit ist keine körperliche Nähe gemeint, sondern eine emotionelle.

Nichts wird real, solange wir nicht denken, daß es real ist. Dinge und Menschen existieren irgendwo, aber wir müssen erst einen Gedanken an sie formulieren, damit sie real werden.

Gedanken sind Schöpferprozesse, die von Gefühlen gefärbt werden. Elektrisch geladene Moleküle treten ihre Reise nach außen in dem Moment an, da sie als ›Gedanken‹ zusammengesetzt werden. Sie reisen unendlich lange weiter, verlieren dabei allerdings langsam an Potenz, da die Strahlung vom Gedanken nach allen Richtungen ausgeht; der Gedanke wird also schwächer, je weiter er reist.

Aber wenn ein Gedanke geschaffen und auf einen anderen Geist ausgerichtet wird mit dem Wunsch, dieser möge ihn empfangen, so ist ein solcher Gedanke viel stärker und einer viel geringeren Streuung ausgesetzt. Ist der Empfänger emotionell auf den Empfang eingestimmt, so findet die Gedankenübertragung im gleichen Moment statt, sogar dann, wenn der Empfänger schläft. Dann geht nämlich der Gedanke in das Unterbewußtsein ein. Natürlich ist es wichtig, daß der Sender diszipliniert ist, und diese Disziplin kann durch Übung und die richtige Einstellung erreicht werden.

Manche Wissenschaftler bezeichnen das Gehirn als Sitz der Gedankenschöpfung, doch das ist es gewiß nicht. Es ist ein Transformator, sozusagen die Schalttafel und das Lagerhaus der Gedankenimpulse, die ausgesandt und empfangen werden. Der Geist ist es, der das Gehirn kontrolliert und in Funktion setzt; der Geist ist der Ursprungsort des Gedankens.

Jeder normale und durchschnittliche Mensch kann durch *richtiges Denken* sein Leben beeinflussen, selbst Krankheiten und den Prozeß des Alterns. Beides hängt mit vom Geisteszustand ab, vom Optimismus, nicht von irgendeinem Glauben.

Wenn wir unserem Körper suggerieren, daß er sich nicht von einer kleinen Erkältung unterkriegen lassen darf, wird es uns wahrscheinlich auch gelingen. Das habe ich selbst erlebt. Ein Problem aussprechen – das ist kein Humbug, sondern ein realistischer Prozeß mit greifbaren Ergebnissen, wenn er im richtigen Geisteszustand, also im positiven, ausgeführt wird. Man muß *ehrlich* von der Wirkung überzeugt sein, dann hilft es auch.

Die Heilung mancher Krankheiten, besonders der psychosomatischen, die von emotionellen und mentalen Prozessen ausgelöst und dann körperlich erkennbar werden, ist nur der Anfang zur praktischen Nutzung der Kraft unserer Gedanken.

Worte sind die Schlüssel zur Aktion; Gedanken aber sind die Seele der Worte. Disziplinieren Sie Ihre Gedanken, damit sie immer in konstruktiven Kanälen bleiben; sie brauchen dazu nur einen festen Griff nach Ihrem eigenen Geist.

Erlauben Sie sich keine negativen Emotionen wie Haß, Neid, Eifersucht oder Depressionen. Sie salben damit höchstens Ihr Ego, führen sich jedoch ziemlich sicher auf einen falschen Weg. Füttern Sie Ihr Ego mit falschem Stolz oder mit Mitleid wegen eines Mißerfolges, so ziehen Sie sich schnellstens am Zügel und denken Sie *konstruktiv*; das Selbstmitleid verbraucht auch Energie und führt zu nichts.

Angst und Zweifel können jeden Plan zu Fall bringen. Lassen Sie sich nicht von Angst und Zweifel beherrschen, sondern versuchen Sie neue Informationen zu gewinnen und falsche Gedankenprozesse auszuschalten, die es zuließen, daß sich schlechte Gedankenbilder in Ihren gesunden Geist stahlen.

Ihr Geisteszustand drückt sich in Ihrem Gesicht aus. Gedanken formen die Atmosphäre einer Persönlichkeit, also die Aura, die ihn umgibt.

Haben Sie einmal Mißerfolg, so vermeiden Sie Selbstmitleid, Haß auf jene, die Sie für die Schuldigen an Ihrem Mißerfolg halten und Enttäuschung. Analysieren Sie lieber den

Grund des *diesmaligen* Mißerfolges, gruppieren Sie Ihre mentalen Kräfte um und beginnen Sie sobald wie möglich neu, entschlossen und überzeugt – Sie werden gewinnen.

Wenn man erst die Kunst des richtigen Denkens beherrscht, versteht man auch, wie der »6. Sinn«, die ASW, bloß auf »Gedankenebene«, also sozusagen unsichtbar, arbeitet und Erfolge erzielt, die anscheinend die alte Weltanschauung über Geist und Materie umstoßen. Denn die richtige Gedankenanwendung im gewöhnlichen Leben ist bloß der erste Schritt zur Gedankenverwendung in der ASW, ob nun als Sender oder Empfänger. Die Prinzipien sind ja dieselben.

Der Autor dieses Buches, Univ.-Prof. Dr. Hans Holzer, wird sich immer freuen, authentische Berichte von außersinnlichen Wahrnehmungen von seinen Lesern zu erhalten, vorausgesetzt, daß alle Einzelheiten und Daten angegeben werden und ein Freiumschlag für die Rückantwort beigelegt wird (Internationaler Antwortschein).

Register

A
Ahnungen 38, 48
Alkoholeinfluß 157
Alpträume 109 f., 110
Analytischer Traum 112
Angst 148, 152, 187
Angstträume 109
Apport 136
ASW, s. auch Außersinnliche Wahrnehmung 9, 12 ff., 16, 21 f., 77, 112, 115, 116, 119, 125, 127, 139 ff., 157, 183 f., 188
ASW und ihre Handwerkszeuge 69 ff.
ASW- Transmissionen 20
Astrale Austrahlung 67
Astrale Projektion 32, 59 ff., 60f., 62, 65, 70, 93, 109
Astralflug 59 f.
Astralkörper 59
Astralleib 64, 65, 111
Astralreise 61, 62, 63
Astralreise, eigene 67 f.
Astralreisende 60 f., 64
Astrologische Vorhersagen 78
Ätherische Gesetze 53
Außersinnliche Erlebnisse 10 f.
Außersinnliche Fähigkeiten 43
Außersinnliche Wahrnehmungen s. auch ASW 9, 10 f., 12 f., 18, 20, 29, 36, 41, 54, 71, 131, 175
Ausstrahlung, astrale 67
Autosuggestion 87

B
Barbiturate 157
Bauchredner 135
Beherrschtsein 158
Beherrscht werden 151, 152
Besessenheit 151 ff., 158 ff.
Beweisbarkeit, wissenschaftliche 11
Bewußtseinserweiterung durch Drogen 142
Bilokation 70 f.
Blavatzky, Helena 59, 99
Brieftauben 69
Bühnenhypnotiseure 91

C
Caesar 43
Christentum 141
Coven 145, 146

D
Dalai Lama 100
Das Gesetz 43
déjà vu 105 ff.
Denken 185, 186
Dixon, Jeane 50, 52
Drogen 139 ff., 142 f., 157
Drogen, psychedelische 142
Druiden, Religion der 145
Druidengesänge 146
Druidenpriesterinnen 122

E
Eigene Astralreise 67 f.
Eineiige Zwillinge 35
Ektoplasma 55 f., 120, 122, 133, 134
Elektromagnetisches Feld 74, 75, 118, 164
Emotionalfeld 152
Emotionen, Abhängigkeit von 33 ff.
Empfangen 35
Energie 37
Energiekonzentration 69
Entrückung 70
Erde, Kraftfelder der 117
Ergebnisse, telepathische 36
Erlebnisse, außersinnliche 10 f.
-, psychische 17
Erscheinung, leibhaftige 65
Exorzismus 160
Extrasinn s. 6. Sinn 9

F
Fähigkeit, mentale 21 f.
Fähigkeiten, außersinnliche 43
-, Entwicklung der eigenen 56
-, hellseherische 53
-, parapsychologische 13
-, psychische 15
Faradayscher Käfig 23
Farbenlesen 115
Feld, elektromagnetisches 74, 75, 118, 164
Fernseh-Telepathie 30
Fluch 148
Forschung, parapsychologische 12, 23
Fotografie, psychische 180
Fotografisches Medium 178
Fotomedium 179
Fotos, mediale 180
Freier Wille 43

Freimaurertum 141
Freud 111
Frustrationsprobleme 160

G

Gabe des Heilens 184
Garbo, Greta 119
Gebetsgesänge 141
Geburtsschwelle 95, 96
Gedächtnis 21
Gedanken 29, 62, 185 ff.
Gedankenaustausch 29
Gedankenimpulse 186
Gedankenmitteilungen 30
Gedankenprojektion 65
Gedankenschöpfung 186
Gedankenstrom 30
Gedankenübertragung 29, 30, 35, 186
Gedankenwelle 30, 37
Gehirn 37, 186
Gehirnströme 29
Gehörsinn 13
Geist 22, 37, 38, 163 f., 168, 177, 186
–, menschlicher 22
–, unbewußter 109
Geister 74, 149, 154, 163, 169 f., 172, 176, 178
Geister vor der Kamera 176
Geisterfotos 177 f.
Geisterhäuser 163, 172, 177
Geisterstunde 178
Geisteszustand 187
Geistpersönlichkeit 164
Geller, Uri 25
Geruchssinn 13 f.
Geschlechtsreife 167
Geschmackssinn 13 f.
Gesetz, Universal- 46
Gesetze, ätherische 53
Gesicht, zweites 42
Gesichtssinn 13
Gespenst 173
Gott 43, 58, 140
Gott-Prinzip 140

H

Halluzination 70, 170, 181
Handauflegen 183
Hebräer 42
Heidentum 145
Heilbehandlungen 184
Heiler 183
Heilkräfte 183, 184
Heilkräuter 146
Heilmethoden 147
Heilung 184
Hellfühlen 44 ff.
Hellhören 41, 56, 135
Hellriechen 41, 54 ff., 56
Hellsehen 22, 32, 41, 42 ff., 56
–, Reise- 65
–, reisendes 93
Hellseher 41, 42 f., 43, 52 f., 76, 132
Hellseherische Fähigkeiten 53
–, Träume 110
hellsichtige Träume 109
Hexen 146
Hexenglauben 146
Hexenkunst 146
Hexenprozesse 144
Hexensabbath 144
Hexensalben 144, 146
Hexenwiege 116
Hexerei 145
Hohenpriester 42
Holzbrett s. Ouija-Brett 79
Hörsinn 13
Huna-Religion 148
Hypnose 77, 87 ff., 104, 131
–, Tiefen- 91
Hypnotherapie 92, 131
Hypnotiseur 95, 97
Hypnotiseure, Bühnen- 91
Hypnotisieren 89 ff.

I

Idee 30
Inkarnationen 44, 99, 103
Inspiration 38
Intuition 73

J

Jung 111

K

Kaffeesatz 52
Käfig, Faradayscher 23
Kaktuspflanzen 143
Karma 44, 54, 99
Karten 52 f.
Kismet 46
Klopfgeräusche 84, 134
Kontrollierte Astralprojektion 93
Körperliche Phänomene 135
Körpermedium 132
Kraft des Heilens 184
Kraftfeld 69
Kraftfelder der Erde 117
Kristallkugel 52
Kulte 140, 147
Kunst des richtigen Denkens 185, 188

L
Laborexperimente 12
Lama, Dalai 100
Leib, Astral- 111
-, physischer 111
Leibhaftige Erscheinung 65
Lesen mit den Fingern 115
Libido 165
LSD 143, 144
Lysergsäure 143

M
Macumba 148
Mae West 119
Magie, schwarze 141, 145 ff., 147
-, weiße 122
Materialisation 133
Mediale Fotos 180
- Veranlagung 128
Medien 23, 25, 44, 127 ff.
-, Körper- 132
-, mentale 130, 132
-, physische 130, 132
-, spiritistische 42, 128, 180
-, Trance- 130, 132, 143
Meditation 116
Meditationsperioden 104
Medium, fotografisches 178
Menschlicher Geist 22
Mentale Fähigkeit 21 f.
-, Medien 130, 132
Meskalin 142
Monroe, Marilyn 119
Mysterien 140
Mystik des Ostens 109
Mystiker 140
Mystizismus 139 ff., 141

N
Nacktheit 146

O
Okkultismus 82
Opiate 157
Oszilloskop 39, 154

P
Papst 42
Paranormales 115
Parapsychologie 11, 14, 15 ff., 19, 24, 26, 41, 87
Parapsychologische Fähigkeiten 13
- Forschung 12, 23
Pendel 117
Peyote 143
Phänomene, körperliche 135
-, physische 119
-, spektrale 163
Phantasie 103
Physische Medien 130, 132
- Phänomene 119
Physischer Leib 111
Planchette 80
Poltergeister 12, 81, 120, 135, 164 ff., 168, 172
Projektion, Astral- 32, 59 ff., 60 f., 62, 65, 70, 109
Projektionen, Gedanken- 65
Propheten 42
Prophezeihungen 41, 109
PSI 21
Psi-Kraft 22 f.
Psi-Phänomene 22
Psyche 27
Psychedelische Drogen 142
Psychiatrie 11
Psychische Erlebnisse 17
- Fähigkeiten 15
- Fotografie 180
- Heilkräfte 183
Psychischer Sinn 14
Psychoanalytische Träume 109
Psychokinese 136
-, spontane 165
Psychologie 11
Psychometrie 71 ff., 78, 115
Psychometriker 72, 73, 75, 76
Psychometrisches Training 77
- Vorhersagen 76
Pubertät 165

Q
Quija-Brett 79 ff., 82, 83, 84, 155

R
Rauchen abgewöhnen 88, 92
Raum und Zeit 62 ff.
Regression 87 ff., 94 ff.
Religion 57, 113, 139, 140, 145
-, Huna- 148
-, Voodoo- 147
- der Druiden 145
- und Reinkarnation 100 ff.
Reinkarnation 46, 54, 76, 96, 99 ff., 101, 103, 104 f.
Reinkarnation und Religion 100 f.
Reinkarnationsbilder 104
Reisehellsehen 65
Reisen, unkörperliche 59 ff.
Reisendes Hellsehen 93
Riten 145
Rückwissen 96

S
Sabbath 144
Scharlatane 26
Schicksal 43, 46, 54
Schizophrenie 151 ff.
Schwarze Magie 141, 145 ff., 147
Schwindel 132 f.
Séance 55, 79, 81, 121, 127
6. Sinn 9 f., 12, 27
Sehen mit Körperteilen 116 f.
Selbsthypnose 27, 87, 93
Selbstsuggestion 104
Senden 35
Sendungen, telepathische 39
Sensitivität 73
Sex Appeal 119
Sexualität 119 ff.
Silberschnur 61
Sinn, 6. 9f., 27
Sondersinn s. 6. Sinn 10
Spektrale Phänomene 163
Spiritismus 23, 76, 183
Spiritistische Medien 42, 128, 180
Spontane Psychokinese 165
Spuk 173
Spukhäuser 163, 165, 173
Strahlungen 37, 73-75, 118, 146
Suggestion 148
Supersinn 13
Svengali 87 ff., 96

T
Tastsinn 13
Teeblätter 52 f.
Telepathie 22, 29 f., 32 ff., 38, 40, 41
-, Auswirkungen der 38 ff.
-, Fernseh- 30
Telepathische Ergebnisse 36
- Sendungen 39
Temperatur 169
Theosophie 99
Tiefenhypnose 91
Tischchen rücken 77, 79, 82 ff., 134, 154
Training, psychometrisches 77
Trance 32, 82, 130 f.
Trancemedien 130 ff., 132, 143
Tranceséance 169
Trancezustände 131
Transition 121
Transmission 37
Transmissionen, ASW- 20
Traum, analytischer 112
Traumdeutung 112
Träume 109 ff.
-, hellseherische 110
-, psychoanalytische 109
Träumer 111
Traumsituationen 109
Traumszenen 112
Traumzustand 109
Trilby 96

U
Übersinnlihes 9
Übersinnliches 9
UFOs 102
Unbewußter Geist 109
Universalgesetz 46
Universum 57 f.
Unkörperliche Reisen 59 ff.
Unterbewußtsein 38
Uri Geller 25

V
Veranlagung, mediale 128
Verbrechersuche 125
Vision 41
Voodoo 145, 147, 148
Voodoo-Kult 100
Voodoo-Religion 147
Vorahnungen 73, 110
Voraussehen 43
Vorauswissen 22 f., 32, 41, 46, 57, 70, 96
Vorhersagen, astrologisches 78
-, psychometrisches 76
Vorpubertät 120

W
Wahrnehmungen, Außersinnliche
s. auch ASW 9, 10 f., 12 f., 18, 20, 36, 41, 71
Wahrsager 42, 44 f., 53
Wärmeverlust 169
Warnträume 109
Weiße Magie 122
Weltgeist 34
West, Mae 119
Wiedergeburt s. auch Reinkarnation 99 ff., 1
Wille, freier 43
Wünschelrute 116, 118
Wunschträume 103

Y
Yogi 116, 137

Z
Zeitelement 62
Zeitspur 43
Zeit und Raum 62 ff.
Zigeuner 44
Zwangsjacke 116
Zweites Gesicht 42
Zwillinge, eineiige 35